SAMMLUNG GÖSCHEN BAND 22

TRISTAN UND ISOLDE

von

GOTTFRIED VON STRASSBURG

in Auswahl herausgegeben von

FRIEDRICH MAURER

2. Auflage

WALTER DE GRUYTER & CO.

vormals G. J. Göschen'sche Verlagshandlung · J. Guttentag, Verlagsbuchhandlung · Georg Reimer · Karl J. Trübner · Veit & Comp.

BERLIN 1965

2. Auflage

BERLIN 1965

Inhalt

Zur Einführung

Wenig können wir über die äußeren Lebensumstände Gottfrieds aussagen. Seinen Nachfolgern und Fortsetzern, die ihn hoch verehrten, verdanken wir die Nachricht, daß er der Dichter des Tristanromans gewesen und vor seiner Vollendung gestorben ist. Aus der Art, wie in dem großen kritischen Dichterkatalog im Tristan (v. 4621 ff.) die zeitgenössischen Erzähler und Liederdichter genannt werden, läßt sich das Todesjahr etwa auf die Zeit vor 1210 festlegen. Dazu stimmt die Tatsache, daß Gottfried von Straßburg den Parzival Wolframs von Eschenbach kritisiert und daß Wolfram an späterer Stelle darauf erwidert hat.

Gottfried war offenbar nicht ritterlichen Standes; ausdrücklich und auffallend wird ihm die Bezeichnung *„her"* versagt. Er wird *„meister"* genannt. Ob er Kleriker war oder ein gebildeter Stadtbürger (gelehrte geistliche Bildung haben auch Hartmann und Wolfram besessen), vermögen wir nicht zu sagen. Außer dem Tristanroman dürfen wir nach dem Zeugnis Rudolfs von Ems Gottfried zwei gleich gebaute kunstvolle Strophen vom *„glesîn glück"* und über *„mîn* und *dîn"* zusprechen.

Kommt man von den beiden anderen großen Erzählern der staufischen Blüte zu Gottfried, so stehen Hartmann und Wolfram nahe beisammen. Gemeinsam ist ihnen die klare christliche Lösung, gemeinsam das Ziel und der Weg dahin durch Gottes Gnade. Gottfried bleibt mit seinen Gedanken ganz im Bereich des Diesseitigen. Auch er hat hohe Ideale, auch sie sind auf dem Boden der ritterlichen Grundanschauungen gewachsen. Aber Gottfried steht gleichwohl von Wolfram und Hartmann weit weg. Es hat tiefe und echte Gründe, wenn wir aus seiner Dichtung jene heftigen und scharf ablehnenden Worte über Wolfram von Eschenbach hören. Eine ganze ‚Welt' trennt die beiden Dichter. Wolframs Problematik, sein Ringen um das Rätsel der Erbsünde — seine Lösungen, sie liegen Gottfried fern. Und umgekehrt mußte Wolfram Gottfrieds Ideen und Ideale als seinen Erkenntnissen konträr entgegengesetzt empfinden.

In einer für seine Zeit unerhörten Weise hat Gottfried den Realitäten des Lebens Eingang in sein Werk gewährt. Er setzt zwar auch Normen; auch er hebt ein Ideal heraus. Aber zugleich ist er weit entfernt von der Idealisierung der Welt und des Menschen in Wolframs und Hartmanns Sinn. Es gibt Kräfte und Ereignisse in der Welt, die es dem Menschen verwehren, ‚ideal' und vollkommen zu leben. Der glückliche Abschluß aller Leiden, alles Versagens und Nichtvermögens in der wunderbaren und glückbringenden Hilfe Gottes steht für Gottfried nicht mehr so eindeutig fest. Und doch hat sich auch für ihn in dieser Welt voller Leid und Enttäuschung der Mensch zu bewähren; ja für ihn scheiden sich die Menschen nach ihrer Fähigkeit, Leid und Bitteres ertragen zu können: Nur die das vermögen, gehören zu seiner Welt der *edelen herzen*. Auch für Gottfried ist das Leid ein unabdingbarer Bestandteil der Welt und des menschlichen Daseins in der Welt. Keine Freude, kein Erfolg, kein Glück ohne Leid. Der ideale Mensch, der der Welt der *edelen herzen* zugehört, weiß nicht nur um diese unabänderliche Verflochtenheit und Einheit von Freude und Leid; er bejaht sie auch und nimmt sie bewußt auf sich. Diese Fähigkeit zur Bejahung und Aufnahme des Leids ist geradezu der Maßstab für die menschliche Größe und den menschlichen Wert.

An der Geschichte der großen und reinen Liebe von Tristan und Isolde zeigt Gottfried beispielhaft das Glück und das Leid der *edelen herzen* auf; er zeigt, wie diese *edelen herzen* Leid und sogar den Tod um dieser großen Liebe willen auf sich nehmen. Gottfried hat erkannt, daß es eine Liebe in der Welt gibt, die den Menschen mit solcher Gewalt faßt, daß er sich ihr nicht entziehen kann, daß er sich gegen Recht und Treue wendet, lügt und betrügt. Aber gleichwohl bleiben diese hohen Werte in ihrer Geltung, gleichwohl bleibt vor allem auch die *êre*, d. h. *der werlt hulde*, die Achtung und Anerkennung der Gesellschaft als hoher Wert für Gottfried bestehen. Seine Helden Tristan und Isolde, sie stehen unter der Gewalt einer großen und reinen Liebe, die sie zusammen zwingt auf der einen Seite, und sie werden zugleich auf der anderen Seite unter das Gesetz der *êre*, d. h. der unbedingten Unterordnung unter die Forderungen der höfischen Gesellschaft, gestellt. In einer neuen, von Gottfried geforderten und formulierten Form der *mâze*, d. h. des maß- und zuchtvollen Ausgleichs, versuchen Tristan und Isolde immer von neuem und lange Zeit, beiden Forderungen gerecht zu werden. Durch Listen, durch Verschlagenheit, durch Betrug, durch zeitweise Trennung und Verzicht auf ihre Liebe gelingt es den Liebenden immer wieder, den Aufpassern und dem eifersüchtigen Mißtrauen des Königs Marke zu entgehen und so die *êre*, d. h. die Achtung der höfischen Gesellschaft und die Stellung in ihr und am Hofe zu bewahren.

Diese Liebe mit ihren leidvollen Konsequenzen bejaht Gottfried; er hebt sie in ihrer Reinheit und Kraft hoch empor, befreit sie von allen niedrigen Zügen; zugleich wird der Liebe und der Natur ein Eigenrecht zugebilligt, das neben der „Ehre“ gilt und das im Idealfall mit ihr und seiner neuen Auffassung der *mâze* zum Ausgleich gebracht werden sollte. Schließlich zeigt es sich, daß dieser Ausgleich mißlingt, die *mâze* gesprengt und damit zugleich alles, *êre* und *minne*, zerstört wird. In dem Ertragen auch dieser Zerstörung, der leidvollen Bemühung um die Erhaltung der *mâze* und des schließlichen Untergangs bewährt sich das Ideal der *edelen herzen*, das Gottfried aufgestellt hat.

Eben aus diesen knappen Andeutungen ergibt sich, wie ganz anders Gottfried die Probleme der ritterlichen Welt sieht als Wolfram von Eschenbach. Diese Andersartigkeit und Gegensätzlichkeit der beiden Dichter offenbart sich genauso in der Formkunst und in der Auffassung des Berufs und der Arbeit des Künstlers. Jene kritischen Worte Gottfrieds über Wolfram beziehen sich sogar offenbar in erster Linie auf diese Bereiche. Die dunkle und schwere Sprache Wolframs, seine eigenwillige, der eigenen Erfinderkraft mehr als der überliefernden Quelle folgende Darstellungsweise: sie sind Ziele von Gottfrieds Angriff.

Das Formideal, dem Gottfried nachstrebt und vor ihm Hartmann von Aue am nächsten kam, ist das genaue Gegenteil: höchste Durchsichtigkeit und kristallene Klarheit der Sprache, äußerste Glätte, Musikalität und Süßigkeit der Verse. Gottfried hat dieses Ideal in seinem Tristanroman bis zur höchsten Stufe der Vollendung geführt. In scheinbar müheloser Einheit fließen Sprache und Rhythmus zusammen, schmiegen sich in so berückender Weise ineinander, daß der Ablauf der Verse kein Ende zu nehmen scheint. Zugleich hat Gottfried seine Dichtung in vollendeter Ausgewogenheit aufgebaut und gegliedert, diese Gliederung außerdem durch besondere Reimkünste (Vierreimpartien) und den Schmuck der Akrosticha hervorgehoben. Achtet man auf diese Künste, so ergibt sich die folgende ebenso formschöne wie auch gehaltlich sinnvolle und überzeugende Gliederung des Werks.

Auf den Prolog (etwa 250 Verse) folgt die Vorgeschichte, die etwa 1500 Verse umfaßt. Die Einleitung zur Hauptgeschichte schließt sich mit etwa 3000 Versen an, und ihr folgen die beiden Hauptteile der Hauptgeschichte, je etwa 6500 Verse umspannend. Kurz nach Beginn des Schlußteils der Hauptgeschichte bricht der erhaltene Teil des Romans ab. Wir dürfen annehmen, daß er wieder etwa 3000 Verse umfassen sollte, während ein kürzerer Schluß (Epilog?) das Ganze entsprechend abgerundet hätte, wäre Gottfried zur Vollendung seines Werks gelangt. Jedenfalls scheint es mir außer Zweifel zu stehen, daß der Dichter bewußt und absichtlich den Vierreimpartien in dieser Weise gliedernde Funktion gegeben hat. Diese Vierreimpartien erhalten außerdem insofern besonderes Gewicht, als in ihnen jeweils Grundthemen des Romans erörtert, grundsätzlich entscheidende Gedanken über die *edelen herzen*, über *liep* und *leit*, *leit* und *linge*, *êre*, *triuwe*, *minne*, Not und Tod formuliert werden.

Die vorliegende Auswahl hat aus diesen Voraussetzungen gerade die Vierreimpartien und damit die so wichtigen grundsätzlichen Erörterungen ausgewählt. Sie hat ferner lieber einige wichtige Teile vollständig ausgehoben als viele kleine Auszüge aus der ganzen Geschichte; sie gibt daher den Prolog und ein Stück der Vorgeschichte, die Dichterkritik, das Gottesurteil, vor allem dann die entscheidenden Teile der Verbannung vom Hof über die Minnegrotte hin bis zur entgültigen Entdeckung und Trennung der Liebenden im vollen Wortlaut.

Die maßgebende Ausgabe ist die von Friedrich Ranke, Berlin 1930 (neu abgedruckt 1949, 3. Aufl. 1958).

Literatur:

Friedrich Ranke: Die Allegorie der Minnegrotte in Gottfrieds Tristan. Berlin 1925.

ders.: Tristan und Isold. Bücher des Mittelalters. 1925.

Helmut de Boor: Die Grundauffassung von Gottfrieds Tristan. In: Deutsche Vierteljahrsschrift für Literaturwissenschaft und Geistesgeschichte. 18 (1940) 262 ff.

Julius Schwietering: Der Tristan Gottfrieds von Straßburg und die Bernhardische Mystik. Berlin, 1943.

Max Wehrli: Der Tristan Gottfrieds von Straßburg. Trivium 4 (1946).

Gottfried Weber: Gottfrieds Tristan in der Krise des hochmittelalterlichen Weltbilds um 1200. Zs. f. dt. Altertum 82 (1948/50) Heft 4, 1951 erschienen (unter dem fast gleichen Titel, Stuttgart, 1953, ein zweibändiges Werk).

Friedrich Maurer: Leid. Bern und München, 1951 (darin S. 205—262 über Gottfried).

Maria Bindschedler: Gottfried von Straßburg und die höfische Ethik. In: Beiträge z. Gesch. der dt. Sprache und Literatur. 76 (1954); dasselbe auch selbständig erschienen: Halle, 1955.

Prolog

In drei Stufen nähert sich Gottfried den Hauptteilen seines Werks, indem er sein Thema sozusagen mehrmals vorbereitet und vorklingen läßt.

Die erste Stufe bildet der *Prolog*. Die Vierreime des Anfangs auf der einen Seite und die in den Versen 233 bis 240 auf der andern rahmen ihn ein. Das Thema wird angegeben, ideell und stofflich. Die Welt der *edelen herzen* wird hingestellt, das Ideal ihres Daseins im Ineinander von Freud und Leid, von Leben und Tod. Die Tristangeschichte, ihre Quelle, ihr Sinn werden erörtert.

Gedæhte man ir ze guote niht,
von den der werlde guot geschiht,
sô wærez allez alse niht,
swaz guotes in der werlde geschiht.

Der guote man swaz der in guot
(und) niwan der werlt ze guote tuot,
swer daz iht anders wan in guot
vernemen wil, der missetuot.

Ich hœre es velschen harte vil,
daz man doch gerne haben wil:
dâ ist des lützelen ze vil,
dâ wil man, des man niene wil.

Ez zimet dem man ze lobene wol,
des er iedoch bedürfen sol,
und lâze ez ime gevallen wol,
die wîle ez ime gevallen sol.

Tiur unde wert ist mir der man,
der guot und übel betrahten kan,
der mich und iegelîchen man
nâch sînem werde erkennen kan.

Ere unde lop diu schepfent list,
dâ list ze lobe geschaffen ist:
swâ er mit lobe geblüemet ist,
dâ blüejet aller slahte list.

Reht als daz dinc zunruoche gât,
daz lobes noch êre niene hât,
als liebet daz, daz êre hât
und sînes lobes niht irre gât.

Ir ist sô vil, die des nu pflegent,
daz si daz guote zübele wegent,
daz übel wider ze guote wegent:
die pflegent niht, si widerpflegent.

Cunst unde nâhe sehender sin
swie wol diu schînen under in,
geherberget nît zuo zin,
er leschet kunst unde sin.

Hei tugent, wie smal sint dîne stege,
wie kumberlîch sint dîne wege!
die dîne stege, die dîne wege,
wol ime, der si wege unde stege!

Trîbe ich die zît vergebene hin,
sô zîtic ich ze lebene bin,
sôn var ich in der werlt sus hin
niht sô gewerldet, alse ich bin.

Ich hân mir eine unmüezekeit
der werlt ze liebe vür geleit
und edelen herzen zeiner hage,
den herzen, den ich herze trage,
der werlde, in die mîn herze siht.
ine meine ir aller werlde niht

als die, von der ich hœre sagen,
diu keine swære enmüge getragen,
(und) niwan in vröuden welle sweben:
die lâze ouch got mit vröuden leben!
Der werlde und diseme lebene
enkumt mîn rede niht ebene:
ir leben und mînez zweient sich.
ein ander werlt die meine ich,
diu samet in eime herzen treit
ir süeze sûr, ir liebez leit,
ir herzeliep, ir senede nôt,
ir liebez leben, ir leiden tôt,
ir lieben tôt, ir leidez leben:
dem lebene sî mîn leben ergeben,
der werlt wil ich gewerldet wesen,
mit ir verderben oder genesen.
ich bin mit ir biz her beliben
und hân mit ir die tage vertriben,
die mir ûf nâhe gêndem leben
lêre unde geleite solten geben:
der hân ich mîne unmüezekeit
ze kurzewîle vür geleit,
daz si mit mînem mære
ir nâhe gênde swære
ze halber senfte bringe,
ir nôt dâ mite geringe.
wan swer des iht vor ougen hât,
dâ mite der muot zunmuoze gât,
daz entsorget sorgehaften muot,
daz ist ze herzesorgen guot.
ir aller volge diust dar an:
swâ sô der müezege man
mit senedem schaden sî überladen,
dâ mêre muoze seneden schaden.
bî senedem leide müezekeit,
da wahset iemer senede leit.
durch daz ist guot, swer herzeclage

und senede nôt ze herzen trage,
daz er mit allem ruoche
dem lîbe unmuoze suoche:
dâ mite sô müezeget der muot
und ist dem muote ein michel guot;
und gerâte ich niemer doch dar an,
daz iemer liebe gernde man
dekeine solhe unmuoze im neme,
diu reiner liebe missezeme:
ein senelîchez mære
daz trîbe ein senedære
mit herzen und mit munde
und senfte sô die stunde.

Nu ist aber einer jehe ze vil,
der ich vil nâch gevolgen wil:
der senede muot sô der ie mê
mit seneden mæren umbe gê,
sô sîner swære ie mêre sî.
der selben jehe der stüende ich bî,
wan ein dinc, daz mir widerstât:
swer inneclîche liebe hât,
doch ez im wê von herzen tuo,
daz herze stêt doch ie dar zuo.
der inneclîche minnen muot,
sô der in sîner senegluot
ie mêre und mêre brinnet,
sô er ie sêrer minnet.
diz leit ist liebes alse vol,
daz übel daz tuot sô herzewol,
daz es kein edele herze enbirt,
sît ez hie von geherzet wirt.
ich weiz ez wârez alse den tôt
und erkennez bî der selben nôt:
der edele senedære
der minnet senediu mære.
von diu swer seneder mære ger,
dern var niht verrer danne her;

ich wil in wol bemæren
von edelen senedæren,
die reiner sene wol tâten schîn:
ein senedær unde ein senedærin,
ein man ein wîp, ein wîp ein man,
Tristan Isolt, Isolt Tristan.

Ich weiz wol, ir ist vil gewesen,
die von Tristande hânt gelesen;
und ist ir doch niht vil gewesen,
die von im rehte haben gelesen.

Tuon aber ich, diu gelîche nuo
und schepfe mîniu wort dar zuo,
daz mir ir iegeliches sage
von disem mære missehage,
so wirbe ich anders, danne ich sol.
ine tuon es niht: si sprâchen wol
(und) niwan ûz edelem muote
mir unde der werlt ze guote.
bînamen si tâten ez in guot:
und swaz der man in guot getuot,
daz ist ouch guot und wol getân.
aber als ich gesprochen hân,
daz si niht rehte haben gelesen,
daz ist, als ich iu sage, gewesen:
sin sprâchen in der rihte niht,
als Thomas von Britanje giht,
der aventiure meister was
und an britûnschen buochen las
aller der lantherren leben
und ez uns ze künde hât gegeben.

Als der von Tristande seit,
die rihte und die wârheit
begunde ich sêre suochen
in beider hande buochen
walschen und latînen

und begunde mich des pînen,
daz ich in sîner rihte
rihte dise tihte.
sus treip ich manege suoche,
unz ich an eime buoche
alle sîne jehe gelas,
wie dirre aventiure was.
waz aber mîn lesen dô wære
von disem senemære:
daz lege ich mîner willekür
allen edelen herzen vür,
daz si da mite unmüezic wesen:
ez ist in sêre guot gelesen.
guot? ja, inneclîche guot:
ez liebet liebe und edelt muot,
ez stætet triuwe und tugendet leben,
ez kan wol lebene tugende geben;
wan swâ man hœret oder list,
daz von sô reinen triuwen ist,
dâ liebent dem getriuwen man
triuwe und ander tugende van:
liebe, triuwe, stæter muot,
êre und ander manic guot,
daz geliebet niemer anderswâ
sô sêre noch sô wol sô dâ,
dâ man von herzeliebe saget
und herzeleit ûz liebe claget.
liebe ist ein alsô sælic dinc,
ein alsô sæleclîch gerinc,
daz nieman âne ir lêre
noch tugende hât noch êre.
sô manec wert leben, sô liebe vrumet,
sô vil sô tugende von ir kumet,
ôwe daz allez, daz der lebet,
nâch herzeliebe niene strebet,
daz ich sô lützel vinde der,
die lûterlîche herzeger

durch vriunt ze herzen wellen tragen
niwan durch daz vil arme clagen,
daz hie bî zetelîcher zît
verborgen in dem herzen lît!

War umbe enlite ein edeler muot
niht gerne ein übel durch tûsent guot,
durch manege vröude ein ungemach?
swem nie von liebe leit geschach,
dem geschach ouch liep von liebe nie.
liep unde leit diu wâren ie
an minnen ungescheiden.
man muoz mit disen beiden
êre unde lop erwerben
oder âne si verderben.
von den diz senemære seit,
und hæten die durch liebe leit,
durch herzewunne senedez clagen
in einem herzen niht getragen,
sôn wære ir name und ir geschiht
sô manegem edelen herzen niht
ze sælden noch ze liebe komen.
uns ist noch hiute liep vernomen,
süeze und iemer niuwe
ir inneclîchiu triuwe,
ir liep, ir leit, ir wunne, ir nôt;
al eine und sîn si lange tôt,
ir süezer name der lebet iedoch
und sol ir tôt der werlde noch
ze guote lange und iemer leben,
den triuwe gernden triuwe geben,
den êre gernden êre:
ir tôt muoz iemer mêre
uns lebenden leben und niuwe wesen;
wan swâ man noch hœret lesen
ir triuwe, ir triuwen reinekeit,
ir herzeliep, ir herzeleit,

Deist aller edelen herzen brôt.
hie mite sô lebet ir beider tôt.
wir lesen ir leben, wir lesen ir tôt
und ist uns daz süeze alse brôt.

Ir leben, ir tôt sint unser brôt.
sus lebet ir leben, sus lebet ir tôt.
sus lebent sie noch und sint doch tôt
und ist ir tôt der lebenden brôt.

Und swer nu ger, daz man im sage
ir leben, ir tôt, ir vröude, ir clage,
der biete herze und ôren her:
er vindet alle sîne ger.

Aus der Vorgeschichte

Die Vorgeschichte bildet die zweite Stufe der Annäherung an die Hauptteile. Die Vierreime und Akrosticha in den Versen 233–240 auf der einen Seite und die zwischen den Versen 1751–54 und 1865–68 auf der andern rahmen sie ein. Es ist die Geschichte Riwalins und Blanscheflurs, der Eltern Tristans, die bereits in sich das leidvolle Schicksal des Helden vorausnimmt und die erfüllt ist von dem Thema der Verflochtenheit von *liebe* und *leit*, von Leben und Tod, von *minne* und *êre*.

Aus der Vorgeschichte wird ein größeres zusammenhängendes Stück gegeben; es vermag eine Vorstellung von dem großartigen Wohlklang, von der Vollkommenheit der sprachlichen und rhythmischen Form zu vermitteln, die Gottfrieds Werk auszeichnet; es vermag auch in knapperer Form die Erzählkunst und Art der Gedankenführung zu veranschaulichen, in der die Hauptgeschichte ebenso strahlt.

Ein herre in Parmenîe was,
der jâre ein kint, als ich ez las:
der was, als uns diu wârheit
an sîner aventiure seit,
wol an gebürte künege genôz,
an lande vürsten ebengrôz,
des lîbes schœne und wunneclîch,
getriuwe, küene, milte, rîch;
und den er vröude solte tragen,
den was der herre in sînen tagen
ein vröude berndiu sunne.
er was der werlde ein wunne,
der ritterschefte ein lêre,
sîner mâge ein êre,
sînes landes ein zuoversicht:
an ime brast al der tugende niht,
der herre haben solte,
wan daz er ze verre wolte

in sînes herzen luften sweben
und niwan nach sînem willen leben;
daz ime ouch sît ze leide ergie.
wan leider diz ist und was ie:
ûfgêndiu jugent und vollez guot,
diu zwei diu vüerent übermuot.
vertragen, daz doch vil manic man
in michelem gewalte kan,
dar an gedâhte er selten;
übel mit übele gelten,
craft erzeigen wider craft:
dar zuo was er gedanchaft.

Nun loufet ez die lenge niht,
der allez daz, daz ime geschiht,
mit Karles lôte gelten wil.
weiz got, der man muoz harte vil
an disem borge übersehen
oder ime muoz dicke schade geschehen.
swer keinen schaden vertragen kan,
dâ wahsent dicke schaden an
und ist ein veiclîcher site;
hie vâhet man den bern mite:
der richet einzele schaden,
unz er mit schaden wirt beladen.
ich wæne, ouch ime alsam geschach,
wan er sich alse vil gerach,
biz er den schaden dar an genam.
daz aber er ie ze schaden kam,
dazn kam von archeite niht,
dâ von doch manegem schade geschiht:
ez kam von dem geleite
sîner kintheite.
daz er in sîner blüenden jugent
mit jugentlîcher herren tugent
wider sîn selbes sælden streit,
daz geschuof sîn spilendiu kintheit,
diu mit ir übermuote

in sînem herzen bluote.
er tet vil rehte als elliu kint,
diu selten vorbesihtic sint:
er nam vür sich niht sorgen war,
wan lebete und lebete und lebete et dar.
dô sin leben ze lebene vienc,
ûf alse der tagesterne gienc
und lachend in die werlde sach,
dô wânder, des doch niene geschach,
daz er iemêr alsô solte leben
und in der lebenden süeze sweben.
nein, sînes lebenes begin
der gie mit kurzem lebene hin;
diu morgenlîche sunne
siner werltwunne,
dô diu von êrste spilen began,
dô viel sîn gæher âbent an,
der ime vor was verborgen,
und laschte im sînen morgen.

Wier aber genennet wære,
daz kündet uns diz mære;
sîn aventiure tuot es schîn:
sîn rehter name was Riwalin,
sîn ânam was Canelengres.
genuoge jehent und wænent des,
der selbe herre er wære
ein Lohnoisære,
künec über daz lant ze Lohnois:
nu tuot uns aber Thomas gewis,
derz an den aventiuren las,
daz er von Parmenîe was
und hæte ein sunderez lant
von eines Britunes hant
und solte dem sîn untertân:
der selbe hiez li duc Morgan.

Nu daz der herre Riwalin

wol und nâch grôzen êren sîn
wol driu jâr ritter was gewesen
und hæte wol hin heim gelesen
ganzlîche kunst ze ritterschaft,
zurliuge vollecliche craft,
(er hæte lant, liute unde guot)
weder ez dô nôt ald übermuot
geschüefe, des enweiz ich niht,
wan als sîn aventiure giht,
so greif er Morganen an
als einen schuldegen man.
er kam geriten in sîn lant
mit alsô creftiger hant,
daz er im mit gewalte
genuoge bürge valte;
die stete muosen sich ergeben
und lœsen ir guot unde ir leben,
reht alse liep als ez in was,
unz er zesamene gelas
gülte unde guotes die craft,
daz er sîne ritterschaft
so starke gemêrte,
swar er mit her kêrte,
ez wæren bürge oder stete,
daz er vil sînes willen tete.
ouch nam er dicke schaden dar an:
er galt mit manegem biderben man,
wan Morgan was an sîner wer;
der bestuont in ofte mit her
und tet in dicke schadehaft;
wan zurliuge und ze ritterschaft
hœret verlust unde gewin:
hie mite so gânt urliuge hin;
verliesen unde gewinnen
daz treit die criege hinnen.
ich wæne, im Morgan alsam tete:
er valte im ouch bürge unde stete
und brach im underwîlen abe

sîne liute unde sîne habe
und tet im, swaz er mohte,
daz doch niht vil entohte,
wan in tet iemêr Riwalin
mit grôzem schaden wider în
und treip des mit im also vil,
unz er in brâhte ûf daz zil,
daz er sich nihtes kunde erwern
noch sich niender trûte ernern
niwan in sînen vesten,
den sterkesten, (unde) den besten.
die selben besâz Riwalin
und gab ûz voller hant dar in
bataljen unde strîten.
er tet in zallen zîten
strackes rehte unz in diu tor.
ouch hæte er dicke dâ vor
turneie und rîche ritterschaft.
alsus lag er im obe mit craft
und heretin in dem lande
mit roube und mit brande,
biz sich Morgan ze tage dô bôt
und daz erwarp mit aller nôt,
daz ez getaget wart under in zwein
und ein jâr vride getragen in ein,
und wart der von in beiden
mit bürgen und mit eiden
gestætet, alse er solte sîn.
hie mite so kêrte Riwalin
mit den sînen heim rîch unde vrô.
uz milter hant lônder in dô
und machetes alle rîche.
er lie si vrôlîche
und wol nach sînen êren
wider zir heimüete kêren.

Nu daz Canele alsus gelanc,
nu was dar nâch vil harte unlanc,

unz daz er aber einer vart
durch banekîe in eine wart
und er sich aber ûz reite
mit grôzer rîcheite,
alsô der êrengire tuot.
al daz geræte und al daz guot,
des er bedürfen wolte
und ein jâr haben solte,
daz wart im an ein schif getragen.
er hæte vil gehœret sagen,
wie höfsch und wie êrbære
der junge künic wære
von Curnewale Marke,
des êre wuohs dô starke:
der hæte dô ze sîner hant
Curnewal und Engelant.
Curnwal was aber sîn erbe dô.
umb Engelanden stuond ez sô:
daz hæte er sît des mâles,
daz die Sahsen von Gales
die Britune dâ vertriben
und si da herren beliben,
von den ez ouch den namen verliez
daz lant, daz ê Britanje hiez,
und wart ouch iesâ dô genant
nach den von Gales Engelant.
dô die daz lant besâzen
und ez under sich gemâzen,
dô woltens alle künegelîn
und herren von in selben sîn:
diz wart ir aller ungewin.
sus begunden si sich under in
slâhen und morden starke
und bevulhen ouch dô Marke
sich und daz lant in sîne pflege:
sît her diendez im alle wege
sô sêre und sô vorhtlîche,
daz nie kein künicrîche

eim künege mê gediende baz.
ouch saget diu istorje von im daz,
daz allen den bîlanden,
diu sînen namen erkanden,
kein künec so werder was als er.
dâ hin was Riwalines ger.
aldâ dâhter belîben,
ein jâr mit ime vertrîben
und von im werden tugenthaft
und lernen niuwan ritterschaft
und ebenen sîne site baz.
sin edelez herze seite im daz:
erkante er vremeder lande site,
dâ bezzert er die sîne mite
und würde selbe erkant dervan.

Mit disen sinnen huob er an:
er bevalch sîn liut und sîn lant
an sînes marschalkes hant,
eines herren von dem lande,
an dem er triuwe erkande,
der hiez Rual li foitenant.
sus kêrte Riwalin zehant
mit zwelf gesellen über sê:
er bedorfte dô dekeines mê,
er hæte her hie mite genuoc.
nu sich diu zît alsô getruoc,
daz er ze Curnewale kam
und ûf dem mer aldâ vernam,
daz Marke der mære
ze Tintajele wære,
dâ kêrte er sîne reise hin.
dâ stiez er ûz, da vander in
und wart des inneclîche vrô.
sich und die sîne cleiter dô
rîlîche und alse im wol gezam.
nu daz er dô ze hove kam,
Marke der tugende rîche

der enpfienc in tugentlîche
und mit im al die sîne.
man bôt dâ Riwaline
den anpfanc und die êre,
daz ez ime dâ vor nie mêre
ze keinen zîten anderswâ
sô werde erboten wart sô dâ.
hie spilten sîne gedanke mite;
diz liebet ime den hovesite.
er dâhte dicke wider sich:
„bînamen got selbe der hât mich
ze diseme lantgesinde brâht!
mîn sælde hât mich wol bedâht:
swaz ich von Markes tugenden ie
gehôrte sagen, deist allez hie.
sîn leben daz ist höfsch unde guot."
sus seiter Marke sînen muot,
war umbe er komen wære.
nu Marke sîniu mære
und sînen muot hæte vernomen,
er sprach: „got und mir willekomen!
lîp unde guot und swaz ich hân,
daz sol ziuwerem gebote stân."
Canelengres der was dâ wol
des hoves, der hof der was sîn vol:
arme unde rîche hæten in
liep unde werden under in
und enwart nie gast geminnet baz.
ouch kunder wol geschulden daz:
der tugenthafte Riwalin
der was und kunde wol gesîn
mit lîbe und mit guote,
mit gesellecîchem muote
zir aller dienste gereit.
also lebeter in der werdekeit
und in der rehten güete,
die er in sîn gemüete
mit tegelîchen tugenden nam,

unz Markes hôhgezît dô kam.
die hôhzît hæte Marke
besetzet alsô starke
sô mit gebote sô mit bete:
swenner in sînen boten tete,
so kam diu ritterschaft zehant
von dem künicrîche zEngelant
in dem jâre zeinem mâle
gevarn ze Curnewale.
die selben brâhten mit in dar
mange süeze vrouwîne schar
und ander manege schônheit.

Nu was diu hôhgezît geleit,
benennet unde besprochen
die blüenden vier wochen,
sô der vil süeze meie in gât
unz an daz, dâ er ende hât,
bî Tintajel sô nâhen,
daz si sich undersâhen,
in die schœnesten ouwe,
die keines ougen schouwe
ie überlûhte ê oder sît.
diu senfte süeze sumerzît
diu hæte ir süeze unmüezekeit
mit süezem vlîze an si geleit.
diu cleinen waltvogelîn,
diu des ôren vröude sulen sîn,
bluomen, gras, loup unde bluot
und swaz dem ougen sanfte tuot
und edeliu herze ervröuwen sol,
des was diu sumerouwe vol:
man vant dâ, swaz man wolte,
daz der meie bringen solte:
den schate bî der sunnen,
die linden bî dem brunnen,
die senften linden winde,
die Markes ingesinde

sîn wesen engegene macheten.
die liehten bluomen lacheten
ûz dem betouwetem grase.
des meien vriunt, der grüene wase
der hæte ûz bluomen an geleit
sô wunneclîchiu sumercleit,
daz si den lieben gesten
in ir ougen widerglesten.
diu süeze boumbluot sach den man
sô rehte suoze lachend an,
daz sich daz herze und al der muot
wider an die lachende bluot
mit spilenden ougen machete
und ir allez widerlachete.
daz senfte vogelgedœne,
daz süeze, daz schœne,
daz ôren unde muote
vil dicke kumet ze guote,
daz vulte dâ berge unde tal.
diu sælege nahtegal,
daz liebe süeze vogelîn,
daz iemêr süeze müeze sîn,
daz kallete ûz der blüete
mit solher übermüete,
daz dâ manc edele herze van
vröude und hôhen muot gewan.

Dâ hæte diu gesselleschaft
vrô unde sêre vröudehaft
gehütet ûf daz grüene gras,
als iegelîches wille was.
dâ nâch als iegelîches ger
ze vröuden stuont, dâ nâch lag er:
die rîchen lâgen rîche,
die höfschen hovelîche;
dise lâgen under sîden dâ,
jene under bluomen anderswâ;
diu linde was genuoger dach;

genuoge man gehütet sach
mit loupgrüenen esten.
von gesinde noch von gesten
wart geherberget nie
sô wunneclîchen alse hie.
ouch vant man dâ rât über rât,
als man ze hôhgezîten hât,
an spîse und edeler wæte,
des iegelîcher hæte
ze wunsche sich gewarnet dar.
dar zuo sô nam ir Marke war
sô grôze und alsô rîche,
daz si alle rîlîche
lebeten unde wâren vrô.
sus huob diu hôhgezit sich dô;
und swes der gerne sehende man
ze sehene guoten muot gewan,
daz lie diu state dâ wol geschehen;
man sach dâ, swaz man wolte sehen:
dise vuoren sehen vrouwen,
jene ander tanzen schouwen;
dise sâhen bûhurdieren,
jene ander justieren.
swâ zuo den man sîn wille truoc,
des alles vander dâ genuoc.
wan alle, die dâ wâren
von vröudebæren jâren,
die vlizzen sich inwiderstrît
ze vröuden an der hôhgezît.

Und Marke der guote,
der höfsche hôhgemuote
âne ander vrouwen schônheit,
dier hæte an sînen rinc geleit,
sô hæter doch besunder
ein sunderlîchez wunder,
Blanscheflur sîne swester dâ:
ein maget, daz dâ noch anderswâ

schœner wîp nie wart gesehen.
wir hœren von ir schœne jehen,
sin gesæhe nie kein lebende man
mit inneclîchen ougen an,
ern minnete dâ nâch iemer mê
wîp und tugende baz dan ê.

Diu sælige ougenweide
diu machete ûf der heide
vil manegen man vrech unde vruot,
manc edele herze hôhgemuot.
dar zuo was in der ouwe
manc ander schœniu vrouwe,
der iegelîchiu mohte sîn,
von schœne ein rîchiu künigîn,
die muot und vröude ouch bâren
den allen, die dâ wâren,
und macheten manic herze vrô.
hie mite huob sich der bûhurt dô
von gesinde und ouch von gesten:
die werdesten, (und) die besten
die riten dâ zuo wâ unde wâ.
ouch was der werde Marke dâ
und sîn geselle Riwalin
âne ander ingesinde sîn,
die sich ouch gevlizzen hæten,
wie siz dâ sô getæten,
daz ez dâ sagebære
und wol ze lobene wære.
man sach dâ zuo dem mâle
von pfelle und von zendâle
manc ors bedact ze vlîze,
mange decke snêwîze,
gel, brûn, rôt, grüen unde blâ;
sô sach man ander anderswâ
von edeler sîden wol gebriten,
jene ander manege wîs zesniten,
gevêhet und (ge)parrieret,

sus und sô gefeitieret.
diu ritterschaft diu vuorte cleit
mit wunderlîcher rîcheit
zersniten und zerhouwen,
ouch lie der sumer wol schouwen.
daz er dâ mit Marke wolte sîn:
manc wunneclîch schapelekîn
von bluomen sach man an der schar,
diu erm ze stiure brâhte dar.

In dirre süezen sumercraft
huop sich ein süeziu ritterschaft:
diu schar sich dâ dicke underwar;
si zogeten sich her unde dar
und triben des vil und sô genuoc,
biz sich der bûhurt dô getruoc,
dâ Blanscheflur diu werde,
ein wunder ûf der erde,
und manc ander schœniu vrouwe
sâzen an ir schouwe;
wan dise die riten sô rîche,
sô rehte keiserlîche,
daz ez manic ouge gerne sach.
swaz aber von ieman dâ geschach,
sô was der höfsche Riwalin
und muose ez ouch bînamen sîn,
der ez des tages und an der stete
ze wunsche vor in allen tete.
ouch nâmen sîn die vrouwen war
und jâhen des, daz in der schar
nieman nâch ritterlîchem site
also behendeclîchen rite,
und lobeten elliu sîniu dinc.
„seht“ sprâchen si „der jungelinc
der ist ein sæliger man:
wie sælecliche stêt im an
allez daz, daz er begât!
wie gar sîn lîp ze wunsche stât!

wie gânt im so gelîche in ein
diu sîniu keiserlîchen bein!
wie rehte sîn schilt zaller zît
an sîner stat gelîmet lît!
wie zimet der schaft in sîner hant!
wie wol stât allez sîn gewant!
wie stât sîn houbet und sîn hâr!
wie süeze ist aller sîn gebâr!
wie sæleclîche stât sîn lîp!
ô wol si sæligez wîp,
der vröude an ime belîben sol!"
nu marcte ir aller mære wol
Blanscheflur diu guote,
wan sin ouch in ir muote,
swaz ir dekeiniu tæte,
ze hôhem werde hæte;
si hæte in in ir muot genomen,
er was ir in ir herze komen;
er truoc gewalteclîche
in ir herzen künicrîche
den cepter und die crône:
daz si doch alsô schône
und alsô tougenlîchen hal,
daz siz in allen vor verstal.

— — — — — — — — — —

Der gedanchafte Riwalin
der tet wol an im selben schîn,
daz der minnende muot
reht alse der vrîe vogel tuot,
der durch die vrîheit, die er hât,
ûf daz gelîmde zwî gestât:
als er des lîmes danne entsebet
und er sich ûf ze vlühte hebet,
sô clebet er mit den vüezen an;
sus reget er vedern und wil dan;
dâ mite gerüeret er daz zwî
an keiner stat, swie kûmez sî,
ezn binde in unde machin haft;

sô sleht er danne ûz aller craft
dar und dar und aber dar,
unz er ze jungeste gar
sich selben vehtend übersiget
und gelîmet an dem zwîge lieget.
reht in der selben wîse tuot
der unbetwungene muot,
so der in senede trahte kumet
und liebe an ime ir wunder vrumet
mit senelîcher swære,
so wil der senedære
ze sîner vrîheite wider;
so ziuhet in diu süeze nider
der gelîmeten minne.
dâ verwirret er sich inne
sô sêre, daz er sich von dan
noch sus noch sô verrihten kan.
als ergiengez Riwaline
den ouch die trahte sîne
verwurren in der minne
sînes herzen küniginne.
in hæte wol beworrenheit
in wunderlîch pârât geleit;
wan er enwiste, weder ir muot
wider in wær übel oder guot;
ern erkante dannoch diz noch daz,
weder ir minne noch ir haz.
ern sach noch trôst noch zwîvel an,
dazn liez ouch in noch dar noch dan.
unendeclîchen under in:
trôst unde zwivel vuorten in
trôst seite im minne, zwîvel haz.
durch disen criec und umbe daz
sôn mohte er sînen vesten wân
an ir dewederez verlân,
an haz noch ouch an minne.
sus swebeten sîne sinne
in einer ungewissen habe:

trôst truog in an und zwîvel abe.
ern vant niht stætes an in zwein.
sin gehullen sô noch sus inein:
sô zwîvel kam und seite im daz,
sîn Blanscheflur wær ime gehaz,
sô wancte er und wolte dan.
zehant kam trôst und truog in an
ir minne und einen lieben wân:
sus muose er aber dâ bestân.
mit diseme criege enwiste er war:
ern mohte weder dan noch dar.
sô er ie sêrre dannen ranc,
sô minne ie vaster wider twanc.
sô er ie harter dannen vlôch,
so minne ie vaster wider zôch.
sus treip ez minne mit im an,
biz doch der trôst den sige gewan
und er den zwîvel gar vertreip
und Riwalin gewis beleip,
sîn Blanscheflur diu minnet in:
des was sîn herze und al sîn sin
einbærlîche an si geleit,
daz nieman dô dâ wider streit.

Ehe es zum Geständnis der gegenseitigen Liebe kommt, muß Riwalin zur Abwehr gegen einen in Markes Land einbrechenden Feind ziehen. Er wird auf den Tod verwundet. Blanscheflur gelingt es durch eine List, den Todwunden zu besuchen; sie empfängt ein Kind von ihm. Riwalin wird wieder gesund, aber das Glück des Zusammenseins ist nur kurz. Erneut muß Riwalin in den Kampf ziehen; Blanscheflur bricht vor Leid zusammen.

Riwalin überredet Blanscheflur, ihm in sein Land Parmenien zu folgen; dort vermählt er sich mit ihr. Dann zieht er gegen Morgan, Blanscheflur in der Obhut des treuen Rual lassend; Riwalin fällt im Kampf.

Diz ist geschehen, es muoz nu sîn:
erst tôt der guote Riwalîn;

dan hœret nu niht mêre zuo
wan eine, daz man umbe in tuo
als (mit) rehte umb einen tôten man.
dan ist doch nu niht anders an:
man sol und muoz sich sîn bewegen,
und sol sîn got von himele pflegen,
der edeler herzen nie vergaz!
und sul wir sprechen vürbaz,
wiez umbe Blanschefliure kam:
dô diu vil schœne vernam
diu clagebæren mære,
wie dô ir herzen wære,
got herre, daz solt du bewarn,
daz wir daz iemêr ervarn!
ichn hân da keinen zwîvel an,
gewan ie wîp durch lieben man
tôtlîchen herzesmerzen,
dern wære ouch in ir herzen.
daz was tôtlîches leides vol.
si bewârte al der werlde wol,
daz ir sîn tôt ze herzen gie.
ir ougen diu enwurden nie
in allem disem leide naz.
jâ got herre, wie kam daz,
daz dâ niht wart geweinet?
dâ was ir herze ersteinet:
dan was niht lebenes inne
niwan diu lebende minne
und daz vil lebelîche leit,
daz lebende ûf ir leben streit.
geclagetes aber ir herren iht
mit clageworten? nein si niht:
si erstummete an der stunde,
ir clage starp in ir munde;
ir zunge, ir munt, ir herze, ir sin,
daz was allez dô dâ hin.
diu schœne enclagete dô niemê:
sin sprach dô weder ach noch wê;

sie seic et nider unde lac
quelende unz an den vierden tac
erbermeclîcher danne ie wîp;
si want sich unde brach ir lîp
sus unde sô, her unde dar
und treip daz an, biz si gebar
ein sünelîn mit maneger nôt.
seht, daz genas und lac si tôt.

Owê der ougenweide,
dâ man nâch leidem leide
mit leiderem leide
siht leider ougenweide!

Der êre an Riwaline lac,
der er nach grôzen êren pflac,
die wîle ez got wolte,
daz er ir pflegen solte.
der leit was leider alze grôz
und alles leides übergenôz;
wan al ir trôst und al ir craft,
ir tuon und al ir ritterschaft,
ir êre und al ir werdekeit,
daz allez was dô hin geleit.
sîn tôt was aber wol lobelîch,
der ir ze sêre erbermeclîch.
swie schedelîch diu swære
liute unde lande wære,
diu von ir herren tôde kam,
ezn was doch niht sô clagesam,
sô daz man dise quelende nôt
und den erbermeclîchen tôt
an dem vil süezen wîbe sach.
ir jâmer unde ir ungemach
beclage ein ieclîch sælec man;
und swer von wîbe ie muot gewan
oder iemêr wil gewinnen,
der trahte in sînen sinnen,

wie lîhte misselinge
an sus getânem dinge
guoten liuten ûf erstât,
wie lîhte ez in ze leide ergât
an vröuden unde an lîbe,
und sî dem reinen wîbe
genâden wünschend umbe got:
daz sîn güete und sîn gebot
ir helfe, ir trôst geruoche sîn!
und sagen wir umb daz kindelîn,
daz vater noch muoter hæte,
waz got mit deme getæte.

Riuwe und stætiu triuwe
nâch vriundes tôde ie niuwe ,
dâ ist der vriunt ie niuwe:
daz ist diu meiste triuwe.

Swer nâch dem vriunde riuwe hât,
nâch tôde triuwe an ime begât,
daz ist vor allem lône,
deist aller triuwe ein crône.
mit der selben crône was
gecrœnet dô, als ich ez las,
der marschalc und sîn sælec wîp,
die beide ein triuwe unde ein lîp
got unde der werlde wâren,
des si guot bilde bâren
beidiu der werlde unde gote,
wan si wol nâch gotes gebote
ganzlîcher triuwe wielten
und ouch die wol behielten
âne alle missewende
unz an ir beider ende.
solt ieman ûf der erden
von triuwen halben werden
künic oder künigîn,
bînamen daz möhten si wol sîn,

als ich iu von in beiden
wærlîche mag bescheiden,
wie er gevuor und si gewarp.
dô Blanscheflur, ir vrouwe, erstarp
und Riwalin begraben was,
des weisen dinc, der dô genas,
daz gevuor nâch ungenâden wol
als des, der vürbaz komen sol:
der marschalc und diu marschalkîn
nâmen daz cleine weiselîn
und burgen ez vil tougen
den liuten von den ougen.
si sageten unde hiezen sagen,
ir vrouwe hæte ein kint getragen,
daz wære in ir und mit ir tôt.
von der gedrîeten nôt
wart aber des landes clage dô mê;
ir clage wart aber dô mê dan ê:
clage, daz Riwalin erstarp,
clage, daz Blanscheflur verdarp,
clage umbe ir beider kindelîn,
an dem ir trôst dô solte sîn,
daz daz verdorben wære.
zuo aller dirre swære
gieng in diu starke vorhte,
die Morgan an in worhte,
als nâhen alse ir herren tôt.
wan diz daz ist diu meiste nôt,
die man zer werlde haben mac:
swâ sô der man naht unde tac
den totvînt vor ougen hât,
daz ist diu nôt, diu nâhen gât,
und ist ein lebelîcher tôt.
in aller dirre lebenden nôt
wart Blanscheflur ze grabe getragen.
michel jâmer unde clagen
daz wart begangen ob ir grabe.
ir muget wol wizzen, ungehabe

der was da vil und alze vil.
nun sol ich aber noch enwil
iuwer ôren niht beswæren
mit zerbermeclîchen mæren,
wan ez den ôren missehaget,
swâ man von clage ze vil gesaget;
und ist vil lützel iht sô guot,
ezn swache, ders ze vil getuot.
von diu sô lâzen langez clagen
und vlîzen uns, wie wir gesagen
umb daz verweisete kint,
von dem diu mære erhaben sint.

Sich treit der werlde sache
vil ofte zungemache
und aber von ungemache
wider ze guoter sache.

Reht in den nœten sol der vrome,
ze swelhem ende ez danne kome,
bedenken, wie sîn werde rât:
die wîle und er daz leben hât,
sô sol er mit den lebenden leben,
im selben trôst ze lebene geben.

Der treue Marschall Rual und seine Gattin Floræte führen ihren listigen Plan durch: Floræte gibt sich als Wöchnerin aus und trägt das Kind zur Taufe: Tristan wird es genannt, von *triste* = *trûre*, Trauer und Leid. So entsprechen sich Name und Leben. In der Hut der Pflegeeltern wächst Tristan auf und erhält eine ausgezeichnete und vollkommene Erziehung. Bei der Besichtigung eines Handelsschiffes, das in Parmenien angelaufen ist, wird der junge Tristan von den Kauffahrern auf das Meer entführt; durch einen schweren Sturm geängstigt, setzen ihn die Entführer aber fern von Parmenien wieder an Land; es ist zufällig Kurnewal, das Land seines Oheims

Marke. Bald trifft er dort auf eine Jagdgesellschaft, die aus Leuten Markes besteht. Durch seine Kenntnisse der Jägerei setzt er die Jäger in Erstaunen. Wie hier als höfischer Jäger, so zeichnet sich Tristan, der sich als Sohn eines Kaufmannes ausgibt, bald darauf an Markes Hof als höfischer Musiker aus. Marke ist begeistert.

Die Hauptgeschichte

Die Einleitung: Tristans Jugend

Der künec sprach: 'Tristan, hœre her:
an dir ist allez, des ich ger;
du kanst allez, daz ich wil:
jagen, sprâche, seitspil.
nu suln ouch wir gesellen sîn,
du der mîn und ich der dîn.
tages sô sul wir rîten jagen,
des nahtes uns hie heime tragen
mit höfschlîchen dingen:
harpfen, videlen, singen,
daz kanstu wol, daz tuo du mir;
sô kan ich spil, daz tuon ich dir,
des ouch dîn herze lîhte gert:
schœniu cleider unde pfert,
der gibe ich dir swie vil du wilt:
dâ mite hân ich dir wol gespilt.
sich, mîn swert und mîne sporn,
mîn armbrust und mîn guldîn horn,
geselle, daz bevilhe ich dir:
des underwint dich, des pflic mir
und wistu höfsch unde vrô!'
sus was der ellende dô
dâ ze hove ein trût gesinde.
ezn gesach nie man von kinde
die sælde, die man an im sach:
swaz er getet, swaz er gesprach,
daz dûhte und was ouch alse guot,
daz ime diu werlt holden muot
und inneclîchez herze truoc.

Tristan lebt an Markes Hof, wo ihn der treue Rual nach jahrelangem Suchen auffindet; er erzählt Tristans wahre Geschichte und Herkunft. Marke macht den Neffen zum Erben und zum Ritter; für Tristan und dreißig andere Jünglinge wird die Schwertleite gefeiert.

Die Schwertleite

Swer mich nu vrâget umbe ir cleit
und umbe ir cleider rîcheit,
wie diu zesamene wurden brâht,
des bin ich kurze bedâht,
dem sage ich, als daz mære giht.
sage ich im anders iht,
sô widertrîbe er mich dar an
und sage er selbe baz dâ van:
ir cleider wâren ûf geleit
mit vierhande rîcheit
und was der vierer iegelîch
in ir ambete rîch:
daz eine daz was hôher muot;
daz ander daz was vollez guot;
daz dritte was bescheidenheit,
diu disen zwein zesamene sneit;
daz vierde daz was höfscher sin,
der næte disen allen drin.
si worhten alle viere
vil rehte in ir maniere:
der hôhe muot der gerte,
daz volle guot gewerte,
bescheidenheit schuof unde sneit,
der sin der næte ir aller cleit
und ander ir feitiure,
baniere und covertiure
und anderen der ritter rât,
der den ritter bestât.
swaz sô daz ros und ouch den man
ze rittere geprüeven kan,
der geziuc was aller sêre rîch
und alsô rîch, daz iegelîch
einem künege wol gezæme,
daz er swert dar inne næme.

Sît die gesellen sint bereit
mit bescheidenlîcher rîcheit,

wie gevâhe ich nu mîn sprechen an,
daz ich den werden houbetman
Tristanden sô bereite
ze sîner swertleite,
daz man ez gerne verneme
und an dem mære wol gezeme?
ine weiz, waz ich dâ von gesage,
daz iu gelîche und iu behage
und schône an disem mære stê.
wan bî mînen tagen und ê
hât man sô rehte wol geseit
von werltlîcher zierheit,
von rîchem geræte:
ob ich der sinne hæte
zwelve, der ich einen hân,
mit den ich umbe solte gân,
und wære daz gevüege,
daz ich zwelf zungen trüege
in mîn eines munde,
der iegelîchiu kunde
sprechen, alse ich sprechen kan,
ine wiste wie gevâhen an,
daz ich von rîcheite
so guotes iht geseite,
mane hæte baz dâ von geseit.
jâ ritterlîchiu zierheit
diu ist so manege wîs beschriben
und ist mit rede alsô zetriben,
daz ich niht kan gereden dar abe,
dâ von kein herze vröude habe.

Hartman der Ouwære
ahî, wie der diu mære
beid ûzen unde innen
mit worten und mit sinnen
durchverwet und durchzieret!
wie er mit rede figieret
der âventiure meine!

wie lûter und wie reine
sîniu cristallînen wortelîn
beidiu sint und iemêr müezen sîn!
si koment den man mit siten an,
si tuont sich nâhen zuo dem man
und liebent rehtem muote.
swer guote rede ze guote
und ouch ze rehte kan verstân,
der muoz dem Ouwære lân
sin schapel und sin lôrzwî.
swer nu des hasen geselle sî
und ûf der wortheide
hôchsprünge und wîtweide
mit bickelworten welle sîn
und ûf daz lôrschapelekîn
wân âne volge welle hân,
der lâze uns bî dem wâne stân;
wir wellen an der kür ouch wesen:
wir, die die bluomen helfen lesen,
mit den daz selbe loberîs
undervlohten ist in bluomen wîs,
wir wellen wizzen, wes er ger:
wan swer es ger, der springe her
und stecke sîne bluomen dar.
so nemen wir an den bluomen war,
ob si sô wol dar an gezemen,
daz wirz dem Ouwære nemen
und geben ime daz lôrzwî.
sît aber noch nieman komen sî,
der ez billîcher süle hân,
sô helfe iu got, sô lâzenz stân.
wirn suln ez nieman lâzen tragen,
sîniu wort ensîn vil wol getwagen,
sîn rede ensî ebene unde sleht,
ob ieman schône und ûfreht
mit ebenen sinnen dar getrabe,
daz er dar über iht besnabe.
vindære wilder mære,

der mære wildenære,
die mit den ketenen liegent
und stumpfe sinne triegent,
die golt von swachen sachen
den kinden kunnen machen
und ûz der bühsen giezen
stoubîne mergriezen:
die bernt uns mit dem stocke schate,
niht mit dem grüenen meienblate,
mit zwîgen noch mit esten.
ir schate der tuot den gesten
vil selten in den ougen wol.
ob man der wârheit jehen sol,
dân gât niht guotes muotes van,
dân lît niht herzelustes an:
ir rede ist niht alsô gevar,
daz edele herze iht lache dar.
die selben wildenære
si müezen tiutære
mit ir mæren lâzen gân:
wirn mugen ir dâ nâch niht verstân,
als man si hœret unde siht;
sôn hân wir ouch der muoze niht,
daz wir die glôse suochen
in den swarzen buochen.
Noch ist der verwære mêr:
von Steinahe Bliker,
diu sînen wort sint lussam,
si worhten vrouwen an der ram
von golde und ouch von sîden,
man möhtes undersnîden
mit criecheschen borten.
er hât den wunsch von worten:
sînen sin den reinen
ich wæne daz in feinen
ze wundere haben gespunnen
und haben in in ir brunnen
geliutert unde gereinet:

er ist bînamen gefeinet.
sîn zunge, diu die harpfen treit,
diu hât zwô volle sælekeit:
daz sint diu wort, daz ist der sin:
diu zwei diu harpfent under in
ir mære in vremedem prîse.
der selbe wortwîse,
nemt war, wie der hier under
an dem Umbehange wunder
mit spæher rede entwirfet;
wie er diu mezzer wirfet
mit behendeclîchen rîmen!
wie kan er rîme lîmen,
als ob si dâ gewahsen sîn!
ez ist noch der geloube mîn,
daz er buoch unde buochstabe
vür vedern an gebunden habe;
wan wellet ir sîn nemen war,
sîniu wort diu sweiment alse der ar.
Wen mag ich nu mêr ûz gelesen?
ir ist und ist genuoc gewesen
vil sinnic und vil rederîch:
von Veldeken Heinrich
der sprach ûz vollen sinnen;
wie wol sanger von minnen!
wie schône er sînen sin besneit!
ich wæne, er sîne wîsheit
ûz Pegases urspringe nam,
von dem diu wîsheit elliu kam.
ine hân sîn selbe niht gesehen;
nu hœre ich aber die besten jehen
die, die bî sînen jâren
und sît her meister wâren,
die selben gebent im einen prîs:
er inpfete daz erste rîs
in tiutischer zungen:
dâ von sît este ersprungen,
von den die bluomen kâmen,

dâ si die spæhe ûz nâmen
der meisterlîchen vünde;
und ist diu selbe künde
sô wîten gebreitet,
sô manege wîs zeleitet,
daz alle, die nu sprechent,
daz die den wunsch dâ brechent
von bluomen und von rîsen
an worten unde an wîsen.

Der nahtegalen der ist vil,
von den ich nu niht sprechen wil:
sin hœrent niht ze dirre schar.
durch daz sprich ich niht anders dar,
wan daz ich iemêr sprechen sol:
si kunnen alle ir ambet wol
und singent wol ze prîse
ir süeze sumerwîse;
ir stimme ist lûter unde guot,
si gebent der werlde hôhen muot
und tuont reht in dem herzen wol.
diu werlt diu wære unrouches vol
und lebete rehte als âne ir danc
wan der vil liebe vogelsanc:
der ermant vil dicke den man,
der ie ze liebe muot gewan,
beidiu liebes unde guotes
und maneger hande muotes,
der edelem herzen sanfte tuot:
ez wecket vriuntlîchen muot,
hie von kumt inneclîch gedanc,
sô der vil liebe vogelsanc
der werlde ir liep beginnet zalen.
'nu sprechet umb die nahtegalen!'
die sint ir dinges wol bereit
und kunnen alle ir senede leit
sô wol besingen unde besagen:
welhiu sol ir baniere tragen,

sît diu von Hagenouwe,
ir aller leitevrouwe
der werlde alsus geswigen ist,
diu aller dœne houbetlist
versigelt in ir zungen truoc?
von der denk ich vil unde genuoc,
(ich meine aber von ir dœnen
den süezen, den schœnen),
wâ si der sô vil næme,
wannen ir daz wunder kæme
sô maneger wandelunge.
ich wæne, Orphees zunge,
diu alle dœne kunde,
diu dœnete ûz ir munde.
sît daz man der nu niht enhât,
sô gebet uns eteslîchen rât!
ein sælic man der spreche dar:
wer leitet nu die lieben schar?
wer wîset diz gesinde?
ich wæne, ich si wol vinde,
diu die baniere vüeren sol:
ir meisterinne kan ez wol,
diu von der Vogelweide.
hî wie diu über heide
mit hoher stimme schellet!
waz wunders si stellet!
wie spæhes organieret!
wies ir sanc wandelieret
(ich meine aber in dem dône
dâ her von Zytherone,
dâ diu gotinne Minne
gebiutet ûf und inne)!
diust dâ ze hove kamerærîn:
diu sol ir leitærinne sîn!
diu wîset si ze wunsche wol,
diu weiz wol, wâ si suochen sol
der minnen melodîe.
si unde ir cumpanîe

die müezen sô gesingen,
daz si ze vröuden bringen
ir trûren unde ir senedez clagen:
und daz geschehe bî mînen tagen!

Nu hân ich rede genuoge
von guoter liute vuoge
gevüegen liuten vür geleit.
ie noch ist Tristan umbereit
ze sîner swertleite.

— — — — — — — — — —

Marke nam dô Tristanden
sînen neven ze handen,
swert unde sporn strict er im an.
'sich' sprach er 'neve Tristan,
sît dir nu swert gesegenet ist
und sît du ritter worden bist,
nu bedenke ritterlîchen prîs
und ouch dich selben, wer du sîs;
dîn geburt und dîn edelkeit
sî dînen ougen vür geleit:
wis diemüete und wis unbetrogen,
wis wârhaft und wis wolgezogen;
den armen den wis iemer guot,
den rîchen iemer hôchgemuot;
ziere und werde dînen lîp,
êre und minne elliu wîp;
wis milte unde getriuwe
und iemer dar an niuwe!
wan ûf mîn êre nim ich daz,
daz golt noch zobel gestuont nie baz
dem sper unde dem schilte
dan triuwe unde milte.'
Hie mite bôt erm den schilt dar.
er kustin und sprach: 'neve, nu var
und gebe dir got durch sîne craft
heil ze dîner ritterschaft!

wis iemêr höfsch, wis iemêr vrô!'
Tristan verrihte aber dô
sîne gesellen an der stete,
rehte als in sîn œheim tete,
an swerte, an sporn, an schilte.
diemüete, triuwe, milte
die leite er iegelîches kür
mit bescheidenlîcher lêre vür.
und enwart ouch da nimê gebiten:
gebûhurdieret unde geriten
wart dâ, zewâre deist mîn wân.
wies aber von ringe liezen gân,
wie si mit scheften stæchen,
wie vil si der zebræchen:
daz suln die garzûne sagen;
die hulfen ez zesamene tragen.
ine mag ir bûhurdieren
niht allez becroieren,
wan einen dienest biute ich in,
des ich in sêre willic bin:
daz sich ir aller êre
an allen dingen mêre
und in got ritterlîchez leben
zir ritterschefte müeze geben!

Truoc ieman lebender stæte leit
bî stæteclîcher sælekeit,
sô truoc Tristan ie stæte leit
bî stæteclîcher sælekeit,

Als ich ez iu bescheiden wil:
im was ein endeclîchez zil
gegeben der zweier dinge,
leides unde linge;
wan allez daz, des er began,
dâ lang im allerdickest an
und was ie leit der linge bî,
swie ungelîch diz jenem sî.

sus wâren diu zwei conterfeit,
stætiu linge und wernde leit,
gesellet an dem einen man.
'so helfe iu got, nu sprechet an:
Tristan der hât nu swert genomen
und ist ze rîcher linge komen
mit ritterlîcher werdekeit:
lât hœren, welher hande leit
hæt er bî dirre linge?'
weiz got an einem dinge,
daz iegelîchem herzen ie
und ouch dem sînen nâhe gie:
daz ime der vater was erslagen,
als er Rualen hôrte sagen,
daz qual in in dem muote.
alsus was übel bî guote,
bî linge schade, bî liebe leit
eines herzen stætiu sicherheit.

Ir aller jehe lît dar an,
haz der lige ie dem jungen man
mit grœzerem ernest an
dan einem stündigen man.

Ob aller sîner werdekeit
sô swebete Tristand ie daz leit
und daz verborgen ungemach,
daz nieman lebender an im sach,
daz im Riwalînes tôt
und Morganes leben bôt;
daz leit lag ime mit sorgen an.
der sorcsame Tristan
und sîn getriulîcher rât,
der noch von triuwen namen hât,
der sælige Foitenant,
die bereiteten zehant
mit rîchem geræte,
des man den wunsch dâ hæte,

eine rîlîche barken:
sus kâmen si vür Marken.
Tristan sprach: 'lieber herre mîn,
ez sol mit iuwern hulden sîn,
daz ich ze Parmenîe var
und neme nâch iuwerm râte war,
wie unser dinc dâ sî gewant
umbe liut und umbe lant,
daz ir dâ sprechet, ez sî mîn.'
Der künec sprach: 'neve, diz sol sîn.
swie kûme ich dîn doch müge enbern,
ich wil dich dirre bete gewern.
var heim ze Parmenîe,
du und dîn cumpanîe;
bedarft du ritterschefte mê,
die nim, als dir ze muote stê:
nim ros, nim silber unde golt
und swestu bedürfen solt,
als dus bedürfen wellest;
und swen du dir gesellest,
dem biutez sô mit guote,
mit geselleclîchem muote,
daz er dîn dienest gerne sî
und dir mit triuwen wese bî.
vil lieber neve, wirb unde lebe,
als dir dîn vater lêre gebe,
der getriuwe Rual, der hie stât,
der michel triuwe und êre hât
mit dir begangen unze her;
und sî daz dich des got gewer,
daz du dich dâ verrihtest
und dîn dinc dâ beslihtest
nâch vrumen und nâch êren,
so soltu wider kêren:
kêre wider her ze mir.
ein dinc lob ich und leiste dir:
sê mîne triuwe in dîne hant,
daz ich dir mîn guot und mîn lant

iemêr gelîche teile;
und sîz an dînem heile,
daz du mich sülest überleben,
sô sî dir allez zeigene geben:
wan ich wil durch den willen dîn
êlîches wîbes âne sîn,
die wîle ich iemêr leben sol.
neve, du hâst vernomen wol
mîne bete und mînen sin:
bistu mir holt, als ich dir bin,
treistu mir herze, als ich dir trage,
weiz got so sul wir unser tage
vrôlîche mit ein ander leben.
hie mite sî dir urloup gegeben.
der megede sun der hüete dîn!
und lâ dir wol bevolhen sîn
dîn gescheffede und dîn êre!'
hie enbitens ouch nimêre:
Tristan und sîn vriunt Rual
die schiffeten von Curnewal,
si unde ir massenîe,
heim wider ze Parmenîe.

I. Hauptteil:

Tristans Geschichte bis zur Heimkehr mit Isolde

Ob iu nu lieb ist vernomen
umb dirre herren willekomen,
ich sage iu, alse ich hân vernomen,
wi si dâ wâren willekomen:

Ir aller leitære,
der getriuwe, der gewære
Rual trat vor ûz an daz lant;
sîn hüetelîn und sîn gewant
leit er höfschlîche dort hin dan:
Tristanden lief er lachend an,
er kustin und sprach: 'herre mîn,
gote sult ir willekomen sîn,
iuwern lande unde mir.'

In Parmenien vollzieht Tristan zunächst seine Rachepflicht an Morgan und stellt so seine und des Landes „Ehre" her. Dann übergibt er Land und Leute der Obhut Ruals und kehrt zu Marke zurück. Hier hat er sogleich Gelegenheit, sich erneut als tapferer und ehrsinniger Ritter zu erweisen: Morold, Herzog von Irland, beunruhigt Marke und sein Land durch beleidigende und harte Zinsforderungen. Tristan ist bereit, im Zweikampf das Unrecht dieser Forderung zu erhärten. Er wird durch die vergiftete Waffe Morolds verwundet, aber er besiegt und erschlägt ihn; ein Splitter seines Schwerts bleibt in Morolds Kopf zurück. Der Tote wird nach Irland zurückgebracht, wo seine Schwester, die Königin Isolde, und seine Nichte, die junge Isolde, ihn beklagen; sie finden jenen Splitter in der Wunde und bewahren ihn auf. —

Dieselbe Königin von Irland allein vermag Tristans Wunde zu heilen. Als Spielmann Tantris verkleidet und mit einer erdichteten Geschichte über seine Verwundung gelingt es Tristan, an den irischen Hof zu kommen und die Hilfe der arzneikundigen Königin zu erlangen.

Geheilt kehrt er zu Marke zurück. Der Neid der Höflinge erhebt sich gegen ihn. Sie raten dem König zur Ehe. Seines einstigen Versprechens an Tristan eingedenk, weigert sich der König, dem Rat zu folgen. Aber die Feindschaft gegen Tristan steigert sich, so daß dieser selbst schließlich Marke bittet, die Ratsversammlung seines Hofes zu hören. Marke läßt sich überreden. Der Rat empfiehlt ihm, um die schöne Isolde von Irland als Königin zu werben. Tristan wird als Werber gesandt.

Die junge Isolde ist demjenigen Ritter versprochen, der den furchtbaren Drachen, die Plage des Landes, töten wird. Tristan besteht den Kampf und kann, den betrügerischen Truchsess überlistend, seine Werbung für Marke vorbringen. Zuvor muß er mit Unterstützung der Königin Isoldens Rache entgehen, die ihn mit Hilfe jenes Splitters als den Töter ihres Oheims Morold erkannt hat; schon hier wird eine Neigung ihrer *süezen wîpheit* spürbar. Die Heimfahrt wird vorbereitet. Die Königin gibt Isolde ihre treu ergebene Verwandte Brangæne zur Begleitung; sie vertraut dieser einen zauberischen Minnetrank an.

Der Liebestrank

Die wîle und sich ouch Tristan
mit sînen lantgesellen dan
bereite unde berihtete,
die wîle sô betihtete
Isot diu wîse künigîn
in ein glasevezzelîn
einen tranc von minnen,
mit also cleinen sinnen
ûf geleit und vor bedâht,
mit solher crefte vollebrâht:
mit sweme sîn ieman getranc,

den muoser âne sînen danc
vor allen dingen meinen
und er dâ wider in einen:
in was ein tôt unde ein leben,
ein triure, ein vröude samet gegeben.
den tranc den nam diu wîse,
si sprach Brangænen lîse:
'Brangæne' sprach si 'niftel mîn,
lâ dir die rede niht swære sîn,
du solt mit mîner tohter hin;
dâ nâch so stelle dînen sin.
swaz ich dir sage, daz vernim:
diz glas mit disem tranke nim,
daz habe in dîner huote.
hüetes vor allem guote.
sich, daz es ûf der erde
ieman innen werde.
bewar mit allem vlîze,
daz es ieman enbîze.
vlîze dich wol starke:
swenne Isot unde Marke
in ein der minne komen sîn,
sô schenke in disen tranc vür wîn
und lâ sin trinken ûz in ein.
bewar daz, daz sîn mit in zwein
ieman enbîze, daz ist sin,
noch selbe entrinkes niht mit in:
der tranc der ist von minnen;
daz habe in dînen sinnen!
ich bevilhe dir Isote
vil tiure und vil genôte.
an ir sô lît mîn beste leben.
ich unde si sîn dir ergeben
ûf alle dîne sælekeit:
hie mite sî dir genuoc geseit.'
'trût vrouwe' sprach Brangæne dô
'ist iuwer beider wille alsô,
sô sol ich gerne mit ir varn,

ir êre und al ir dinc bewarn,
sô ich iemêr beste kan.‘
Urloup nam dô Tristan
und al sîn liut hie unde dort.
sie schieden ze Weisefort
mit michelen vröuden abe.

— — — — — — — — — —

Hie mite strichen die kiele hin.
si beide hæten under in
guoten wint und guote var.
nu was diu vrouwîne schar,
Isot und ir gesinde,
in wazzer unde in winde
des ungevertes ungewon.
unlanges kâmen si dâ von
in ungewonlîche nôt.
Tristan ir meister dô gebôt,
daz man ze lande schielte
und eine ruowe hielte.
nu man gelante in eine habe,
nu gie daz volc almeistic abe
durch banekîe ûz an daz lant;
nu gienc ouch Tristan zehant
begrüezen und(e) beschouwen
die liehten sîne vrouwen;
und alse er zuo zir nider gesaz
und redeten diz unde daz
von ir beider dingen,
er bat im trinken bringen.
Nun was dâ nieman inne
âne die küniginne
wan cleiniu juncvrouwelîn.
der einez sprach: ‘seht, hie stât wîn
in disem vezzelîne.‘
nein, ezn was niht mit wîne,
doch ez ime gelîch wære:
ez was diu wernde swære,
diu endelôse herzenôt,

von der si beide lâgen tôt.
nu was aber ir daz unrekant:
si stuont ûf und gie hin zehant,
dâ daz tranc und daz glas
verborgen unde behalten was.
Tristande ir meister bôt si daz:
er bôt Isote vürbaz.
si tranc ungerne und über lanc
und gap dô Tristande unde er tranc
und wânden beide, ez wære wîn.
iemitten gienc ouch Brangæne în
unde erkande daz glas
und sach wol, waz der rede was:
si erschrac sô sêre unde erkam,
daz ez ir alle ir craft benam
und wart reht alse ein tôte var.
mit tôtem herzen gie si dar;
si nam daz leide veige vaz,
si truoc ez dannen und warf daz
in den tobenden wilden sê:
'owê mir armen!' sprachs 'owê,
daz ich zer werlde ie wart geborn!
ich arme, wie hân ich verlorn
mîn êre und mîne triuwe!
daz ez got iemêr riuwe,
daz ich an dise reise ie kam,
daz mich der tôt dô niht ennam,
dô ich an dise veige vart
mit Isot ie bescheiden wart!
ouwê Tristan unde Isot,
diz tranc ist iuwer beider tôt!'
Nu daz diu maget unde der man,
Isot unde Tristan,
den tranc getrunken beide, sâ
was ouch der werlde unmuoze dâ,
Minne, aller herzen lâgærin,
und sleich zir beider herzen in.
ê sis ie wurden gewar,

dô stiez sir sigevanen dar
und zôch si beide in ir gewalt:
si wurden ein und einvalt,
die zwei und zwîvalt waren ê.
— — — — — — — — — —
Tristan dô er der minne enpfant,
er gedâhte sâ zehant
der triuwen unde der êren
und wolte dannen kêren:
"nein" dâhter allez wider sich
"lâ stân, Tristan, versinne dich,
niemêr genim es keine war."
sô wolte et ie daz herze dar;
wider sînem willen crieget er,
er gerte wider sîner ger:
er wolte dar und wolte dan.
der gevangene man
versuohtez in dem stricke
ofte unde dicke
und was des lange stæte.
der getriuwe der hæte
zwei nâhe gêndiu ungemach:
swenne er ir under ougen sach,
und ime diu süeze Minne
sîn herze und sîne sinne
mit ir begunde sêren,
sô gedâhter ie der Eren,
diu nam in danne dar van.
hie mite sô kêrtin aber an
Minne, sîn erbevogetîn:
der muose er aber gevolgec sîn.
in muoten harte sêre
sîn triuwe und sîn êre;
so muotin aber diu Minne mê,
diu tet im wirs danne wê:
si tet im mê ze leide
dan Triuwe und Ere beide.
sîn herze sach si lachend an,

und nam sîn ouge der van.
als er ir aber niht ensach,
daz was sîn meistez ungemach.
dicke besatzter sînen muot,
als der gevangene tuot,
wie er ir möhte entwenken,
und begunde ofte denken:
“kêre dar oder her,
verwandele dise ger,
minne und meine anderswâ!“
sô was ie dirre stric dâ.
er nam sîn herze und sînen sin
und suohte anderunge in in,
sôn was ie niht dar inne
wan Isot unde Minne.

— — — — — — — — — — —

Man unde maget si gâben ie
ze iegelîchen stunden,
sô si mit vuogen kunden,
ein ander ougenweide.
die gelieben dûhten beide
ein ander schœner vil dan ê.
deist liebe reht, deist minnen ê:
ez ist hiure und was ouch vert
und ist, die wîle minne wert,
under gelieben allen,
dazs ein ander baz gevallen,
sô liebe an in wahsende wirt,
die bluomen unde den wuocher birt
lieplîcher dinge,
dan an dem urspringe.
diu wuocherhafte minne
diu schœnet nâch beginne:
daz ist der same den si hât,
von dem si niemêr zegât.

Si dunket schœner sît dan ê.
dâ von sô tûret minnen ê.

diuhte minne sît als ê,
sô zegienge schiere minnen ê.

Die kiele stiezen aber an
und vuoren vrôlîche dan,
wan alse vil daz Minne
zwei herze dar inne
von ir strâze hæte brâht.
diu zwei diu wâren verdâht,
bekumberet beide
mit dem lieben leide,
daz solhiu wunder stellet:
daz honegende gellet,
daz süezende siuret,
daz touwende viuret,
daz senftende smerzet,
daz elliu herze entherzet
und al die werlt verkêret:
daz hæte si versêret,
Tristanden und Isote.
si twanc ein nôt genôte
und in seltsæner ahte:
ir dewederez enmahte
gehaben ruowe noch gemach,
wan sôz daz andere sach.
sôs aber ein ander sâhen,
daz giengin aber nâhen,
wan si enmohten under in zwein
ir willen niht gehaben in ein:
daz geschuof diu vremede und diu scham,
diu in ir wunne benam.
sôs eteswenne tougen
mit gelîmeten ougen
ein ander solten nemen war,
sô wart ir lîch gelîche var
dem herzen und dem sinne.
Minne die verwærinne
dien dûhtes niht da mite genuoc,

daz mans in edelen herzen truoc
verholne unde tougen,
sin wolte under ougen
ouch offenbæren ir gewalt;
der was an in zwein manicvalt:
unlange in ein ir varwe schein.
ir varwe schein unlange in ein:
si wehselten genôte
bleich wider rôte;
si wurden rôt unde bleich,
als ez diu Minne in understreich.
hie mite erkande ietwederez wol
als man an solhen dingen sol,
daz eteswaz von minnen
in ietwederes sinnen
zem anderen was gewant,
unde begunden ouch zehant
lieplîche in ein gebâren,
zît unde state vâren
ir rûne unde ir mære.
der minnen wildenære
leiten ein ander dicke
ir netze unde ir stricke,
ir warte unde ir lâge
mit antwürte und mit vrâge:
si triben vil mære under in.
Isote rede und ihr begin
daz was vil rehte in megede wîs:
si kam ir trût und ir amîs
alumbe her von verren an:
von ende mante sin her dan,
wie er ze Develîne
in einem schiffelîne
gevlozzen wunt und eine kam,
wie in ir muoter an sich nam
und wie sin ouch generte;
von allem dem geverte,
wi si selbe in sîner pflege

schrîben lernete alle wege,
latîn unde seitspil.
der umberede der was vil,
die sime vür ougen leite
von sîner manheite
und ouch von dem serpande;
und wie sin zwirnt erkande
in dem mose und in dem bade.
diu rede was under in gerade,
si seit ime und er seit ir.
„â“ sprach Isot „dô ez sich mir
ze alsô guoten staten getruoc,
daz ich iuch in dem bade niht sluoc,
got herre, wie gewarb ich sô!
daz ich nu weiz, wist ich ez dô,
bînamen sô wærez iuwer tôt!“
„war umbe“ sprach er „schœne Isot?
waz wirret iu? waz wizzet ir?
“swaz ich weiz, daz wirret mir;
swaz ich sihe, daz tuot mir wê:
mich müejet himel unde sê;
lîp unde leben daz swæret mich.“
si stiurte unde leinde sich
mit ir ellebogen an in:
daz was der belde ein begin.
ir spiegelliehten ougen
diu volleten tougen.
ir begunde ir herze quellen,
ir süezer munt ûf swellen,
ir houbet daz wac allez nider.
ir vriunt begunde ouch si dar wider
mit armen umbevâhen,
ze verre noch ze nâhen,
niwan in gastes wîse.
er sprach suoze unde lîse:
‘ei schœne süeze, saget mir:
waz wirret iu, waz claget ir?‘
Der Minnen vederspil Isot,

'lameir' sprach si 'daz ist mîn nôt,
lameir daz swæret mir den muot,
lameir ist, daz mir leide tuot.'
dô si lameir sô dicke sprach,
er bedâhte unde besach
anclîchen unde cleine
des selben wortes meine.
sus begunder sich versinnen,
lameir daz wære minnen,
lameir bitter, la meir mer:
der meine der dûht in ein her.
er übersach der drîer ein
unde vrâgete von den zwein:
er versweic die minne,
ir beider vogetinne,
ir beider trôst, ir beider ger;
mer unde sûr beredet er:
'ich wæne' sprach er 'schœne Isot,
mer unde sûr sint iuwer nôt;
iu smecket mer unde wint;
ich wæne, iu diu zwei bitter sint?'
'nein herre, nein! waz saget ir?
der dewederez wirret mir,
mirn smecket weder luft noch sê:
lameir al eine tuot mir wê.'
dô er des wortes zende kam,
minne dar inne vernam,
er sprach vil tougenlîche zir:
'entriuwen schœne, als ist ouch mir,
lameir und ir, ir sît mîn nôt.
herzevrouwe, liebe Isot,
ir eine und iuwer minne
ir habet mir mîne sinne
gar verkêret unde benomen,
ich bin ûzer wege komen
sô starke und alsô sêre:
in erhol mich niemêr mêre.
mich müejet und mich swæret,

mir swachet unde unmæret
allez, daz mîn ouge siht:
in al der werlde enist mir niht
in mînem herzen liep wan ir.'
Isot sprach: 'herre, als sît ir mir.'
Dô die gelieben under in
beide erkanden einen sin,
ein herze und einen willen,
ez begunde in beidiu stillen
und offenen ir ungemach.
ietwederez sach unde sprach
daz ander beltlîcher an:
der man die maget, diu maget den man.
vremede under in diu was dô hin:
er kuste si und si kust in
lieplîchen unde suoze.
daz was der minnen buoze
ein sæleclîcher anevanc:
ietwederez schancte unde tranc
die süeze, diu von herzen gie.
sô si die state gewunnen ie,
sô gie der wehsel under in
slîchende her unde hin
vil tougenlîchen unde alsô,
daz nieman in der werlde dô
ir willen unde ir muot bevant
wan si, der er doch was bekant,
Brangæne diu wîse.
diu blickete dicke lîse
und vil tougenlîche dar
und nam ir tougenheite war
und dâhte dicke wider sich:
'ouwê, nu verstân ich mich,
diu minne hebet mit disen an.'
vil schiere wart, daz si began
den ernest an in beiden sehen
und ûzen an ir lîbe spehen
den inneren smerzen

ir muotes unde ir herzen.
si muote ir beider ungemach,
wan si si zallen zîten sach
ameiren unde amûren,
siuften unde trûren,
trahten und pansieren,
ir varwe wandelieren.
sin genâmen nie vor trahte war
dekeiner slahte lîpnar,
biz si der mangel und daz leit
an dem lîbe als überstreit,
daz es Brangænen angest nam
und in die vorhte dâ von kam,
ez wære ir beider ende,
und dâhte: 'nu genende,
ervar, waz dirre mære sî!'
Si gesaz in eines tages bî
heinlîchen unde lîse;
diu stolze, diu wîse
'hiest nieman' sprach si 'wan wir driu:
saget mir ir zwei, was wirret iu?
ich sihe iuch zallen stunden
mit trahte gebunden,
siuften, trûren unde clagen.'
'höfschiu, getörste ichz iu gesagen,
ich sagetez iu' sprach Tristan.
'ja herre, vil wol: sprechet an;
swaz ir welt, daz saget mir!'
'sæligiu guotiu' sprach er zir
'in getar niht sprechen vürbaz,
irn gewisset uns ê daz
mit triuwen und mit eiden,
daz ir uns armen beiden
guot unde genædic wellet wesen:
anders sô sîn wir ungenesen.'
Brangæne bôt ir triuwe hin:
si gelobete unde gewisset in
mit ir triuwen und mit gote

ze lebene nâch ir gebote.
'getriuwiu guotiu' sprach Tristan
'nu sehet got ze vorderst an
und dar nâch iuwer sælekeit:
bedenket unser zweier leit
und unser angestlîche nôt.
ich armer und diu arme Isot,
ine weiz wiez uns ergangen ist,
wir zwei wir sîn in kurzer vrist
unsinnic worden beide
mit wunderlîchem leide:
wir sterben von minnen
und enkunnen niht gewinnen
weder zît noch state dar zuo,
ir irret uns spâte unde vruo;
und sicherlîche: sterben wir,
dast nieman schuldic an wan ir:
unser tôt und unser leben
diu sint in iuwer hant gegeben.
hie mite ist iu genuoc gesaget.
Brangæne, sæligiu maget,
nu helfet unde genâdet ir
iuwerre vrouwen unde mir!'
Brangæne wider Isote sprach:
'vrouwe, ist iuwer ungemach,
als er dâ giht, von solher nôt?'
'ja herzeniftel' sprach Isot.
Brangæne sprach: 'daz riuwe got,
daz der vâlant sînen spot
mit uns alsus gemachet hât!
nu sihe ich wol, es ist niht rât,
ine müeze durch iuch beide
mir selber nâch leide
und iu nâch laster werben;
ê ich iuch lâze sterben,
ich wil iu guote state ê lân,
swes ir wellet ane gân.
durch mich enlât niemêre,

swes ir durch iuwer êre
niht gerne wellet lâzen;
swâ ir iuch aber gemâzen
und enthaben muget an dirre tât,
dâ enthabet iuch, daz ist mîn rât.
lât diz laster under uns drîn
verswigen unde beliben sîn.
breitet irz iht mêre,
ez gât an iuwer êre;
ervert ez ieman âne uns driu,
ir sît verlorn und ich mit iu.
herzevrouwe, schœne Isot,
iuwer leben und iuwer tôt
diu sint in iuwer pflege ergeben:
leitet tôt unde leben,
als iu ze muote gestê.
nâch dirre zît enhabet niemê
dekeine vorhte her ze mir:
swaz iu gevalle, daz tuot ir.'
Des nahtes, dô diu schœne lac,
ir triure unde ir trahte pflac
nâch ir trûtamîse,
nu kam geslichen lîse
zuo der kemenâten in
ir amîs unde ir arzâtin,
Tristan und diu Minne:
Minne diu arzâtinne
si vuorte ze handen
ir siechen Tristanden;
ouch vants Isote ir siechen dâ.
die siechen beide nam si sâ
und gab in ir, im sîe
ein ander zarzâtîe.
wer hæte ouch dise beide
von dem gemeinem leide
vereinet unde bescheiden
wan einunge an in beiden,
der stric ir beider sinne?

Minne diu strickærinne
diu stricte zwei herze an in zwein
mit dem stricke ir süeze in ein
mit alsô grôzer meisterschaft,
mit alsô wunderlîcher craft,
dazs unrelœset wâren
in allen ir jâren.

Ein langiu rede von minnen
diu swæret höfschen sinnen:
kurz rede von guoten minnen
diu guotet guoten sinnen.

Swie lützel ich in mînen tagen
des lieben leides habe getragen,
des senften herzesmerzen,
der innerhalp des herzen
so rehte sanfte unsanfte tuot,
mir wîsaget doch mîn muot,
des ich im wol gelouben sol,
den zwein gelieben wære wol
und sanfte in ir muote,
dô sie die leiden huote,
die wâren suht der minne,
der Minnen vîendinne
von ir stîgen hæten brâht.
ich hân von in zwein vil gedâht
und gedenke hiute und alle tage.
swenne ich liebe und senede clage
vür mîniu ougen breite
und ir gelegenheite
in mînem herzen ahte,
so wahsent mîne trahte
und muot, mîn hergeselle,
als er in diu wolken welle.
swenne ich bedenke sunder
daz wunder und daz wunder,
daz man an liebe vünde,

der ez gesuochen künde;
waz vröude an liebe læge,
der ir mit triuwen pflæge:
so wirt mîn herze sâ zestunt
grœzer danne Setmunt
und erbarmet mich diu minne
von allem mînem sinne,
daz meistic alle, die der lebent,
an minnen hangent unde clebent
und ir doch nieman rehte tuot:
wir wellen alle haben muot
und mit minnen umbe gân.
nein, minne ist niht alsô getân,
als wirs ein ander machen
mit velschlîchen sachen:
wir nemen der dinge unrehte war;
wir sæjen bilsensâmen dar
und wellen danne, daz uns der
liljen unde rôsen ber.
entriuwen des mac niht gewesen;
wir müezen daz her wider lesen,
daz dâ vor gewerket wirt,
und nemen, daz uns der sâme birt.
wir müezen snîden unde mæn
daz selbe, daz wir dar gesæn.
wir bûwen die minne
mit gegelletem sinne,
mit valsche und mit âkust
und suochen danne an ir die lust
des lîbes unde des herzen:
sôn birt si niuwan smerzen,
unguot und unvruht unde unart,
als ez an ir gebûwen wart.
als ez uns danne riuwe birt
und innerthalp des herzen swirt
und tœtet uns dar inne,
so zîhen wirs die minne
und schuldegen si dar an,

diu schulde nie dar an gewan.
wir sæjen alle valscheit,
sô snîden laster unde leit.
tuo uns daz leit iht sêre wê,
sô bedenken ez ê:
sæjen bezzer unde baz
unde snîden ouch daz.
wir, die zer werlde haben muot,
swie sô er sî bœse oder guot,
wie tuon wir unseren tagen,
die wir vertrîben und verjagen
in dem namen der minne
und vinden niht dar inne
niwan die selben arbeit,
die wir haben an si geleit:
misselinge und ungeschiht!
des guoten vinde wir dâ niht,
des unser iegelîcher gert
und des wir alle sîn entwert:
daz ist der stæte vriundes muot,
der stæteclîche sanfte tuot,
der die rôsen bî dem dorne treit,
die senfte bî der arbeit;
an dem ie lît verborgen
diu wunne bî den sorgen;
der an dem ende ie vröude birt,
als ofte als er beswæret wirt:
den vindet lützel ieman nuo;
also vorwerke wir dar zuo.
Ez ist vil wâr, daz man dâ saget:
'Minne ist getriben unde gejaget
in den endelesten ort.'
wirn haben an ir niwan daz wort:
uns ist niwan der name beliben
und hân ouch den alsô zetriben,
alsô verwortet und vernamet,
daz sich diu müede ir namen schamet
und ir daz wort unmæret;

si swachet unde swæret
ir selber ûf der erde:
diu êrelôse unwerde,
si slîchet under hûsen biten
und treit von lasterlîchen siten
gemanicvaltet einen sac,
in dems ir diube und ir bejac
ir selbes munde verseit
und ez ze strâze veile treit.
owê! den market schaffen wir:
daz wunder trîbe wir mit ir
und wellen des unschuldic sîn.
Minne, aller herzen künigîn,
diu vrîe, diu eine
diu ist umb kouf gemeine!
wie habe wir unser hêrschaft
an ir gemachet zinshaft!
wir haben ein bœse conterfeit
in daz vingerlîn geleit
und triegen uns dâ selbe mite.
ez ist ein armer trügesite,
der vriunden also liuget,
daz er sich selben triuget.
wir valschen minnære,
der Minnen trügenære,
wie vergânt uns unser tage,
daz wir unserre clage
sô selten liebez ende geben!
wie vertuon wir unser leben
âne liep und âne guot!
nu gît uns doch daz guoten muot,
daz uns ze nihte bestât.
swaz ieman schœner mære hât
von vriuntlîchen dingen,
swaz wir mit rede vür bringen
von den, die wîlent wâren
vor manegen hundert jâren,
daz tuot uns in dem herzen wol

und sîn der selben state so vol,
daz lützel ieman wære
getriuwe unde gewære
und wider den vriunt âne âkust,
ern möhte sus getâne lust
von sîn selbes sachen
in sînem herzen machen;
wan uns daz selbe zaller zît
mit jâmer under vüezen lît,
dâ von ez allez ûf erstât:
deist triuwe, diu von herzen gât;
diu treit sich uns vergebene an;
sô kêre wir daz ouge dan
und trîben die süezen
unruochlîch under vüezen;
wir haben sie mit unwerde
vertreten in der erde;
ob wir si gerne suohten dâ,
wirn wizzen alles gâhes wâ.
sô guot, sô lônbære
triuwe under vriunden wære,
war umbe lieben wir si niht?
ein blic, ein inneclîch gesiht
ûz herzeliebes ougen,
der leschet âne lougen
hundert tûsent smerzen
des lîbes unde des herzen.
ein kus in liebes munde,
der von des herzen grunde
her ûf geslichen kæme,
ohî waz der benæme
seneder sorge und herzenôt!
Ich weiz wol, Tristan unde Isot,
die gebitelôsen beide
benâmen ouch ir leide
unde ir triure ein ander vil,
dô si begriffen daz zil
gemeines willen under in.

jener gelange was dô hin,
der die gedanken anget.
swes gelieben gelanget,
des tribens under in genuoc,
sô sich diu zît alsô getruoc:
sô si zir state kâmen,
si gâben unde nâmen
mit getriuwelîchem sinne
in selben unde der minne
willegen zins unde zol.
in was vil inneclîche wol
an der reise und an der vart;
dô diu vremede hine wart,
dô was ir heinlîche
rîlîch unde rîche:
und was daz wîsheit unde sin :
wan die sich helent under in,
sît daz si sich enbârent
und danne ir schame vârent
und gestent sich an liebe,
die sint ir selber diebe.
sô si sich danne ie mêre helent,
sôs ie mêre in selben stelent
und mischent liep mit leide.
dise gelieben beide
dien hâlen sich ze nihte:
mit rede und mit gesihte
wâren si heinlîch under in.
Sus triben si die reise hin
mit wunneclîchem lebene
und doch niht gar vergebene:
in tet diu vorvorhte wê:
si bevorhten daz ê,
dâ ez ouch sîder zuo kam,
daz in sît vröude vil benam
und brâhte si ze maneger nôt:
daz was daz, daz diu schœne Isot
dem manne werden solte,

dem si niht werden wolte.
ouch twanc si beidiu noch ein leit:
daz was Isote wîpheit.
hier umbe was in leide;
diz leidete si beide.
doch was in disiu swære
lîht unde tragebære,
wan si ir willen under in zwein
vrîlîche hæten in ein
dicke und ze manegem mâle.
nu daz si Curnewale
gevuoren alsô nâhen,
daz si daz lant wol sâhen,
des vröuten si sich alle dô:
si wâren sîn alle vrô
wan eine Tristan unde Isot;
der angest was ez unde ir nôt:
der wille wære der geschehen,
sin hæten niemêr lant gesehen.
diu vorhte ir beider êren
diu begunde ir herze sêren;
sin kunden sich berâten nie,
waz si getæten oder wie,
daz Isote wîpheit
dem künege würde verseit;
und doch swie unrâtbære
kindesche minnære
in ir kintheite sint,
der rât geviel doch an daz kint.

So minne an tumben kinden
ir spil gerâtet vinden,
so muge wir an den kinden
witze unde liste vinden.

Lang umberede sî hin geleit:
Isot vant in ir kintheit
eine witze und einen list,

den allerbesten zuo der vrist:
daz si niemêre tæten,
niwan Brangænen bæten,
daz si an der êrsten naht
sunder rede und sunder braht
bî Marke ir herren læge,
gesellescheſte im pflæge.
ezn würde im niemêr baz entsaget,
wan si was schœne und was ouch maget.
alsus sô lêret minne
durnehteclîche sinne
ze valsche sîn vervlizzen,
die doch niht solten wizzen,
waz ze sus getâner trüge
und ze valscheit gezüge.
die gelieben alsô tâten:
Brangænen si bâten
alse lange und alsô vil,
biz si si brâhten ûf daz zil,
daz sin zer urtæte
gelobete, daz siz tæte;
und lobetez ouch mit maneger nôt.
sin wart niht zeinem mâle rôt
und missevar von dirre bete,
als ez ir michel nôt tete:
diu bete was ouch seltsæne.
'trût vrouwe' sprach Brangæne
'iuwer muoter, diu vrouwe mîn,
diu sælige künigîn
diu bevalch iuch mir in mîne pflege
und solte iuch selbe an disem wege
unde an dirre veigen vart
vor disem leide haben bewart.
nu habet ir laster unde leit
von mîner warlôsekeit;
von diu darf ich ez mâze clagen,
muoz ich daz laster mit iu tragen,
und wære ouch wol gevüege,

daz ich ez eine trüege,
möhtet ir dâ von gesîn.
genædeclîcher trehtîn,
wie vergæze du mîn sô!‘
Isot sprach zuo Brangænen dô:
‘stolziu niftel, sage mir,
waz meinestu, waz wirret dir?
mich wundert sêre, waz tu clages.‘
‘vrouwe, da warf ich anders tages
ûz dem schiffe ein glasevaz.‘
‘sô tæte du, waz wirret daz?‘
‘owî!‘ sprach si ‘daz selbe glas
und der tranc, der dar inne was,
der ist iuwer beider tôt.‘
‘war umbe, niftel?‘ sprach Isot
‘wiest disem mære?‘ ‘im ist alsô‘:
Brangæne seite in beiden dô
die rede von ende her dan.
‘nu waltes got!‘ sprach Tristan
‘ez wære tôt oder leben:
ez hât mir sanfte vergeben.
ine weiz, wie jener werden sol:
dirre tôt der tuot mir wol.
solte diu wunneclîche Isot
iemer alsus sîn mîn tôt,
so wolte ich gerne werben
umb ein êweclîchez sterben.‘

II. Hauptteil:

Die Tristanliebe bis zur Entdeckung

Lât alle rede belîben:
welle wir liebe trîben,
ezn mac sô niht belîben,
wirn müezen leide ouch trîben.

Swie sanfte uns mit der liebe sî,
sô müeze wir doch ie dâ bî
gedenken der êren.
swer sich an niht wil kêren
wan an des lîbes gelust,
daz ist der êren verlust.
swie wol Tristande tæte
daz leben, daz er hæte,
sîn êre zôch in doch dervan.
sin triuwe lac im allez an,
daz er ir wol gedæhte
und Marke sîn wîp bræhte.
die beide, triuwe und êre,
die twungen im sêre
sîn herze und sîne sinne;
die dâ vor an der minne
wâren worden sigelôs,
dô er die minne vür si kôs:
die selben sigelôsen zwô
die gesigeten an der minne dô.
Tristan der sante boten zehant
in zwein batêlen wider lant
und enbôt Marke mære,
wie ez ergangen wære.

Isolde wird festlich von Marke empfangen; nach achtzehn Tagen wird die *brûtleite* gefeiert. Tristan führt dem

König Brangæne statt Isolde zu. Er merkt den Betrug nicht: *ime was eine als ander*. Die Königin erfährt alle Hochachtung und Liebe, durch Marke wie seine Leute. Aus Angst, daß Brangæne sie verraten könne, versucht Isolde, sie ermorden zu lassen; aber sie wird durch List gerettet. Lange Zeit bewahren Tristan und Isolde ihr Geheimnis und genießen die Achtung des Hofes. Tristan gewinnt neues Ansehen, da er die Königin dem irischen Großen Gandin tapfer und listig wieder abjagt, der sie dem König Marke durch eine List abgewonnen hatte. Erneut und noch mehr genießen Tristan und Isolde ihre Neigung.

Aber die Entdeckung droht. Der oberste Truchsess Marjodo, Tristans Freund, belauscht als Erster die Liebenden. er warnt den König, der in *zwîvel* und *arcwân* fällt.

Isolde, von Brangaene beraten, beschwichtigt listig des Königs Argwohn mehrfach. Marjodo läßt durch den Zwerg Melot die Liebenden beobachten; auch dieser warnt den König. Mehr noch: er kann eine geheime Verabredung der beiden dem König verraten. Auf einem Baum versteckt lauschen Marke und Melot. Doch die Liebenden entdecken den Hinterhalt. Listig täuschen sie zwar den König durch ihre Reden, aber Marke faßt neuen schweren Verdacht; er beruft ein Konzil, das Isolde zum Tragen des glühenden Eisens verurteilt.

Das Gottesurteil

Der künec der sprach: „vrou künigîn,
hier an lâz ich ez wol gestân:
mac ich gerihte von iu hân,
als ir uns habet vür geleit,
sô tuot es uns gewisheit;
gât her in alrihte,
vertriuwet daz gerihte
zem glüejenden îsen,
als wir iuch hie bewîsen.“
diu küniginne tet alsô:

si vertriuwet ir gerihte dô,
als ir dâ wart besprochen,
nâch den selben sehs wochen
in die stat ze Carliune.
künec unde lantbarûne,
al daz concîlje schiet sich sâ.
Isot beleip al eine dâ
mit sorgen und mit leide;
sorge unde leit diu beide
twungen si harte sêre:
sie sorgete umbe ir êre;
sô twanc si daz verholne leit,
dazs ir unwârheit
solte wârbæren.
mit disen zwein swæren
enwiste si, waz ane gân:
si begunde ir swære beide lân
an den genædigen Crist,
der gehülfic in den nœten ist;
dem bevalch si harte vaste
mit gebete und mit vaste
alle ir angest unde ir nôt.
in disen dingen hæte Isot
einen list ir herzen vür geleit
vil verre ûf gotes höfscheit:
si schreip unde sande
einen brief Tristande
und enbôt im, daz er kæme,
swâ er die vuoge næme,
ze Carliun des tages vruo,
sô si da solte stôzen zuo,
und næme ir an dem stade war.
Nu diz geschach: Tristan kam dar
in pilgerînes wæte.
— — — — — — — — — — — —
Sus riefens alle dar an:
"gât her nâher, sælic man,
traget mîne vrouwen an den stat!"

er volgete, des man in bat:
sîne vrouwen die künigîn
die nam er an den arm sîn
und truoc si hin wider lant.
Isot diu rûnde ime zehant
swenner ze lande kæme,
daz er einen val dâ næme
mit ir mitalle zerden,
swelch rât sîn solte werden.
er tet alsô; dô er an den stat
und ûz hin an daz lant getrat,
der wallær nider zer erden sanc
und viel als âne sînen danc,
daz sich der val alsô gewac,
daz er der künigîn gelac
an ir arme und an ir sîten.

— — — — — — — — — —

"Künec herre" sprach diu künigîn
„mîn eit muoz doch gestellet sîn,
swaz ir dekeiner gesaget,
als iu gevellet unde behaget;
von diu so seht hie selbe zuo,
waz ich gespreche oder getuo,
ob ich ez iu mit eide
ze danke bescheide:
ir aller lêre derst ze vil.
vernemet, wie ich iu sweren wil:
daz mînes lîbes nie kein man
dekeine künde nie gewan
noch mir ze keinen zîten
weder zarme noch ze sîten
âne iuch nie lebende man gelac
wan der, vür den ich niene mac
gebieten eit noch lougen,
den ir mit iuwern ougen
mir sâhet an dem arme,
der wallære der arme:
so gehelfe mir mîn trehtîn

und al die heilegen, die der sîn,
ze sælden und ze heile
an disem urteile!
hân ich es niht genuoc geseit,
herre, ich bezzer iu den eit,
als ir mir saget, sus oder sô."
"Vrouwe" sprach der künic dô,
„es dunket mich genuoc hier an,
alse ich michs versinnen kan.
nu nemet das îsen ûf die hant;
und alse ir uns habt vor benant,
als helfe iu got ze dirre nôt!"
„âmen!" sprach diu schœne Isot.
in gotes namen greif siz an
und truogez, daz si niht verbran.
dâ wart wol goffenbæret
und al der werlt bewæret,
daz der vil tugenthafte Crist
wintschaffen alse ein ermel ist:
er vüeget unde suochet an,
da manz an in gesuochen kan,
alsô gevuoge und alse wol,
als er von allem rehte sol.
erst allen herzen bereit,
ze durnehte und ze trügeheit.
ist ez ernest, ist ez spil,
er ist ie, swie sô man wil.
daz wart wol offenbâre schîn
an der gevüegen künigîn:
die generte ir trügeheit
und ir gelüppeter eit,
der hin ze gote gelâzen was,
dazs an ir êren genas;
und wart aber dô starke
von ir herren Marke
geminnet unde gêret,
geprîset unde gehêret
von liute und von lande.

swaz sô der künec erkande,
dar an ir herze was gewant,
daz was sîn wille zehant:
er bôt ir êre unde guot.
al sîn herze und al sîn muot
diu wâren niwan an si geleit
âne aller slahte valscheit
sîn zwîvel und sîn arcwân
die wâren aber dô hin getân.

Tristan reist zu Herzog Gilan nach Swales (Wales).

Das Hündchen Petitcreiu

Eines tages gevuogete daz,
daz Tristan bî Gilane saz
in triure unde in trahte
und ersûfte ûzer ahte.
nu des wart Gilane gewar;
er gebôt, daz man im bræhte dar
sin hundelîn Petitcreiu,
sînes herzen spil von Avaliu
und sîner ougen gemach.
daz er gebôt, daz geschach:
ein purper edel unde rîch,
vremede unde wunderlîch
als nâch des tisches mâze breit
wart vür in ûf den tisch geleit,
ein hundelîn dar ûf getragen;
daz was gefeinet, hôrte ich sagen,
und wart dem herzogen gesant
ûz Avalun, der feinen lant,
von einer gottinne
durch liebe und durch minne.

— — — — — — — — — — —

Im gienc umb sîn cregelîn
ein ketene, diu was guldîn:
dar an so hienc ein schelle
sô süeze und sô helle,

dô ez sich rüeren began,
der trûrære Tristan
daz er sîner âventiure
an sorge unde an triure
ledic und âne gesaz
unde des leides gar vergaz,
daz in durch Isote twanc.
sô süeze was der schellen clanc,
daz si nieman gehôrte,
sin benæme im und zestôrte
sîne sorge und al sîn ungemach.
— — — — — — — — — —

Tristan gewinnt durch eine tapfere Tat und durch List das Hündlein; er sendet es an Isolde.

Wan diu getriuwe künigîn
dâ mite daz ir daz hundelîn
zem allerêr(e)sten kam
und si die schellen vernam,
von ders ir triure vergaz,
iesâ betrahtete si daz,
daz ir vriunt Tristan wære
durch si beladen mit swære,
und gedâhte ouch iesâ wider sich:
"ohî ohî! und vröuwe ich mich,
wie tuon ich ungetriuwe sô?
war umbe wirdich iemêr vrô
dekeine stunde und keine vrist
die wîle er durch mich trûric ist,
der sîne vröude und sîn leben
durch mich ze triure hât gegeben?
wes mac ich mich gevröun âne in,
des triure unde des vröude ich bin?
war umbe erlache ich iemêr,
sît daz sîn herze niemêr
dekein gemach gehaben kan,
mîn herze daz ensî dar an?

ern hât niht lebenes niuwan mîn:
solt ich âne in nu lebende sîn
vrô unde vröudebære
und daz er trûric wære?
nun welle got der guote,
daz ich in mînem muote
iemer vröude âne in gehabe!"
hie mite brach si die schellen abe
und lie die ketene dar an.
hie verlôs ouch diu schelle van
al ir reht und al ir craft:
sin was nie mêre lûthaft
reht in ir tugende als ê.
man saget, daz sie niemêr mê
erlaschte noch zestôrte,
swie vil man si gehôrte,
dekeines herzen swære.
daz was Isote unmære,
sin wolte doch niht vrô sin:
diu getriuwe stæte senedærîn,
diu hæte ir vröude unde ir leben
sene und Tristande ergeben.
Aber hæte Tristan unde Isot
überwunden ir sorge unde ir nôt
und wâren aber des hoves wol;
der hof was aber ir êren vol:
ir beider lobes enwart niemê.
si wâren aber heinlîch als ê
ir beider herren Marke.
— — — — — — — — — — —

Aber erneut herrscht Markes *arcwân;* die Blicke verraten die Liebenden immer wieder, so daß der König den quälenden *zwîvel* nicht mehr ertragen kann.

In disem blinden leide
besande er si beide
vür den hof in den palas,
dâ al daz hovegesinde was.

zIsote er offenlîche sprach,
daz al der hof hôrt unde sach:
'mîn vrouwe Isot von Irlant,
liut unde lande ist wol erkant,
wie sêre ir garcwænet sît
nu lange und vor maneger zît
mit mînem neven Tristande.
nu hân ich maneger hande
lâge und liste ûf iuch geleit,
ob ir iuch dirre tumpheit
durch mich woltet mâzen;
nun wellet irz niht lâzen:
ine bin niht ein sô tumber man,
ine wizze und sehe iu daz wol an
offenlîche und tougen,
iuwer herze und iuwer ougen
daz diu sint zallen stunden
uf mînen neven gebunden.
dem bietet unde erzeiget ir
süezer gebærde danne mir.
bî der gebærde erkenne ich mich,
daz er iu lieber ist dan ich.
swaz ich mir huote genime
beidiu hin ziu und hin zime,
dazn mac ze keinen staten gestân:
ez ist allez umbe niht getân,
swie vil ich es getrîbe.
ich hân iuch an dem lîbe
sô dicke gesundert,
daz mich es iemêr wundert,
daz ir sô lange und alle zît
des herzen sô gemeine sît.
iuwer süeze blicke
han ich gescheiden dicke
und enkan doch an iu beiden
der liebe niht gescheiden
und hân iu des ze vil vertragen.
Nu wil ich iu daz ende sagen:

ine wil diz laster und diz leit,
daz ir mir habet ûf geleit,
mit solhen arbeiten
mit iu nimêre leiten;
ine lîde dirre unêre
nâch dirre zît nimêre.
ouch enwil ich mich durch dise geschiht
an iu sô sêre rechen niht,
als ich von rehte solte,
ob ich mich rechen wolte.
neve Tristan, mîn vrouwe Isot:
daz ich iu beiden den tôt
oder iht herzeleides tuo
dâ sît ir mir ze liep zuo,
des ich doch vil ungerne gihe;
sît ich nu an iu beiden sihe,
daz ir ein ander alle zît
wider allem minem willen sît
lieber dan ich iu beiden sî,
sô weset ouch beide ein ander bî,
als iu ze muote gestê:
durch mîne vorhte lât nimê.
sît iuwer liebe sô grôz ist,
son wil ich iuch nâch dirre vrist
beswæren noch betwingen
an keinen iuwern dingen.
nemet ein ander an die hant
und rûmet mir hof unde lant.
sol mir leit von iu geschehen,
dazn wil ich hœren noch sehen.
diu gemeinde under uns drîn
diun mac niht langer gesîn;
ich wil iuch zwei derbî lân,
ich eine wil dervon gân,
swie ich mich dervon gelœse.
disiu gemeinde ist bœse:
ich wil ir gerne haben rât.
der künec der wizzentlîche hât

an minnen cumpanîe,
deist michel dorperîe.
vart ir beidiu gote ergeben,
leitet liebe unde leben,
als iu ze muote gestê:
dirre cumpanîe wirt niemê!"
Nu diz ergie und diz geschach,
reht alse ez Marke vor gesprach:
Tristan und sîn vrouwe Isot
si nigen mit mæzlîcher nôt,
mit küelem herzeleide
dem künege ir hêrren beide,
dâ nâch der massenîe.
diu getriuwe cumpanîe
bîhanden si sich viengen,
ûf den hof si giengen.
Brangænen ir gesellîn
die hiezen si gesunde sîn
und bâten si, daz si belibe
und dâ ze hove die zît vertribe,
bizs aber von in vernæme,
wie in zwein ir dinc kæme:
daz bevulhen sir vil starke.
Tristan nam zweinzic marke
von Isolde golde
im selben unde Isolde
zir nôtdürfte und zir lîpnar;
dar zuo sô brâhte man im dar,
des er zer verte hæte gert:
sîne harphen und sîn swert,
sîn pirsarmbrust und sîn horn.
dâ zuo sô hæter ime erkorn
ûz sînen bracken einen
beidiu schœnen unde cleinen
und was der Hiudan genant:
den nam er selbe an sîne hant.
sîn gesinde bat er got bewarn
und hiez si wider ze lande varn

an sînen vater Rualen
wan eine Curvenalen,
den behabeter an sîner schar;
dem bôt er ouch die harphen dar.
daz armbrust er selbe nam,
daz horn unde den hunt alsam,
Hiudanen, niht Petitcreiu.
sus riten si dan von hove si driu.
Brangæne diu reine
diu beleip alterseine
mit jâmer und mit triure.
diu trûrege âventiure
und daz vil leide scheiden
von ir gevriunden beiden
daz gieng ir sô mit smerzen
und alsô gar ze herzen,
daz ez ein michel wunder was,
daz si vor leide genas.
ouch schieden jeniu beide
von ir mit manegem leide,
wan daz si si dâ durch den list
eine kurzlîche vrist
tweln unde belîben hiezen
und si bî Marke liezen,
daz si die suone von in zwein
wider Marken aber trüege in ein.

Das Waldleben — Die Minnegrotte

Sus kêrten si driu under in
allez gegen der wilde hin
über walt und über heide
vil nâch zwô tageweide.
dâ wiste Tristan lange ê wol
in einem wilden berge ein hol,
daz hæter zeinen stunden
von âventiure vunden:
dô was er dâ geriten jagen
und hætin sîn wec dar getragen.

daz selbe hol was wîlent ê
under der heidenischen ê
vor Corineis jâren,
dô risen dâ hêrren wâren,
gehouwen in den wilden berc.
dar inne hætens ir geberc,
so sir heinlîche wolten hân
und mit minnen umbe gân.
und swâ der einez vunden wart,
daz was mit êre bespart
und was der Minnen benant:
la fossiure a la gent amant,
daz kiut: der minnenden hol.
der name gehal dem dinge ouch wol.
ouch saget uns diz mære,
diu fossiure wære
sinewel, wit, hôch und ûfreht,
snêwiz, alumbe eben unde sleht.
daz gewelbe daz was obene
geslozzen wol ze lobene;
oben ûf dem slôze ein crône,
diu was vil harte schône
mit gesmîde gezieret,
mit gimmen wol gewieret
und unden was der esterîch
glat unde lûter unde rîch,
von grüenem marmel alse gras.
ein bette in mitten inne was
gesniten schône und reine
ûz cristallînem steine
hôch unde wît, wol ûf erhaben,
alumbe ergraben mit buochstaben,
und seiten ouch die mære,
daz ez bemeinet wære
der gottinne Minne.
zer fossiure oben inne
dâ wâren cleiniu vensterlîn
durch daz lieht gehouwen în,

diu lûhten dâ unde hie.
dâ man ûz und în gie,
dâ gienc ein tür êrîniu vür;
und ûzen stuonden obe der tür
esterîcher linden drî
und obene keiniu mê derbî;
aber umbe und umbe hin ze tal
dâ stuonden boume âne zal,
die dem berge mit ir blate
und mit ir esten bâren schate.
und einhalp was ein pleine,
dâ vlôz ein fonteine,
ein vrischer küeler brunne,
durchlûter als diu sunne.
dâ stuonden ouch drî linden obe,
schœne und ze lobelîchem lobe,
die schirmeten den brunnen
vor regene und vor sunnen.
liehte bluomen, grüene gras,
mit den diu pleine erliuhtet was,
diu criegeten vil suoze in ein.
ietwederez daz schein
daz ander an inwiderstrît.
ouch vant man dâ ze sîner zît
daz schœne vogelgedœne.
daz gedœne was sô schœne
und schœner dâ dan anderswâ.
ouge und ôre hæten dâ
weide und wunne beide:
daz ouge sîne weide,
daz ôre sîne wunne.
dâ was schate unde sunne,
der luft und die winde
senfte unde linde.
von disem berge und disem hol
sô was ein tageweide wol
velse âne gevilde
und wüeste unde wilde.

darn was dekein gelegenheit
an wegen noch stîgen hin geleit;
doch enwas daz ungeverte
des endes nie sô herte,
Tristan enkêrte dar în,
er und sîn trûtgesellîn,
und nâmen ir herberge
in dem velse und in dem berge.
Nu daz si sich geliezen nider,
sie sanden Curvenalen wider,
daz er in den hof jæhe
und swâ es nôt geschæhe,
daz Tristan und diu schœne Isot
mit jâmer und mit maneger nôt
hin wider zIrlande wæren,
ir unschulde offenbæren
wider liut und wider lant;
und daz er sich ouch al zehant
dâ ze hove nider lieze,
swie in Brangæne hieze,
und mit durnehtekeite
der durnehtigen seite,
ir beider vriundinne,
ir vriuntschaft unde ir minne;
und ervüere ouch, waz der mære
umb Markes willen wære:
ob er dekeinen argen rât
dekeiner arclîchen tât
ûf ir leben leite,
daz er in iesâ seite
und daz er ouch genôte
Tristanden unde Isote
in sîne trahte næme
und ie dar wider kæme
mit sô getânen mæren,
diu rât ze muote bæren,
ie zeinem mâle in zweinzec tagen.
waz mac ich iu nu mê gesagen?

er leiste, daz man ime gebôt.
hie mite was Tristan unde Isot
in ein gezogen ze hûse
in dirre wilden clûse.

Genuoge nimet hier under
virwitze unde wunder
und habent mit vrâge grôze nôt,
wie sich Tristan unde Isot,
die zwêne geverten
in dirre wüeste ernerten.
des wil ich si berihten,
ir virwitze beslihten:
si sâhen beide ein ander an,
dâ generten si sich van;
der wuocher, den daz ouge bar,
daz was ir zweier lîpnar;
sîn âzen niht dar inne
wan muot unde minne.
diu geliebe massenîe
diu was ir mangerîe
in mæzlîchen sorgen.
si truogen verborgen
innerthalp der wæte
daz beste lîpgeræte,
daz man zer werlde gehaben kan.
daz truoc sich in vergebene an
und ie vrisch unde niuwe:
daz was diu reine triuwe;
diu gebalsemete minne,
diu lîbe unde sinne
als inneclîche sanfte tuot,
diu herze viuret unde muot:
diu was ir bestiu lîpnar.
deiswâr si nâmen selten war
dekeiner spîse niuwan der,
von der daz herze sîne ger,
daz ouge sîne wunne nam

und ouch dem lîbe rehte kam.
hie mite sô hæten sî genuoc.
in streich diu liebe ir erbepfluoc
niwan an iegelîchem trite
und ziegelîchen stunden mite
und gab in alles des den rât,
des man ze wunschlebene hât.
ouch muote si daz cleine,
dazs in der wüeste als eine
und âne liute solten sîn.
nu wes bedorftens ouch dar în
oder waz solt ieman zuo zin dar?
si hæten eine gerade schar:
dan was niuwan ein und eìn.
hætens ieman zuo zin zwein
an die geraden schar gelesen,
sô wære ir ungerade gewesen
und wæren mit dem ungeraden
sêre überlestet und überladen.
ir zweier gesellesschaft
diu was in zwein sô herehaft,
daz der sælige Artus
nie in dekeinem sînem hûs
sô grôze hôhgezît gewan,
dâ mêre ir lîbe lustes van
und wunne wære enstanden.
man hæte in allen landen
dekeine vröude vunden,
die si zwei zuo den stunden
wolten haben gekouft dar în
umbe ein glesîn vingerlîn.
swaz ieman kunde ertrahten,
ze wunschlebene gahten
in allen landen anderswâ,
daz hætens allez bî in dâ.
sin hæten umbe ein bezzer leben
niht eine bône gegeben
wan eine umbe ir êre.

waz soltin ouch da mêre?
si hæten hof, si hæten rât,
dar an diu vröude elliu stât:
ir stætez ingesinde
daz was diu grüene linde,
der schate und diu sunne,
diu riviere unde der brunne,
bluomen, gras, loup unde bluot,
daz in den ougen sanfte tuot.
ir dienest was der vogele schal:
diu cleine reine nahtegal,
diu troschel unde daz merlîn
und ander waltvogelîn;
diu zîse und der galander
die dienden wider ein ander
inwette unde inwiderstrît.
diz gesinde diende zaller zît
ir ôren unde ir sinne.
ir hôhzît was diu minne,
ir vröuden übergulde,
diu brâhtin durch ir hulde
des tages ze tûsent stunden
Artuses tavelrunden
und alle ir massenîe dar.
waz soltin bezzer lîpnar
ze muote oder ze lîbe?
dâ was doch man bî wîbe,
sô was ouch wîp bî manne:
wes bedorften si danne?
si hæten daz si solten,
und wâren dâ si wolten.
Nu trîbent aber genuoge
ir mære und ir unvuoge,
des ich doch niht gevolgen wil:
si jehent, ze sus getânem spil
da gehœre ouch ander spîse zuo.
dan weiz ich rehte, weder ez tuo.
es dunket mich genuoc hier an.

ist aber anders ieman,
der bezzeren lîprât
an disem lebene erkunnet hât,
der jehe, als erz erkenne;
ich treib ouch eteswenne
alsus getâne lebesite:
dô dûhtes mich genuoc dermite.
Nun sol iuch niht verdriezen
irn lât iu daz entsliezen,
durch welher slahte meine
diu fossiure in dem steine
betihtet wære, als si was.
si was, als ich iezuo dâ las,
sinewel, wît, hôch und ûfreht,
snêwîz, alumbe eben unde sleht,
diu sinewelle binnen
daz ist einvalte an minnen:
einvalte zimet der minne wol,
diu âne winkel wesen sol;
der winkel, der an minnen ist,
daz ist âkust unde list.
diu wîte deist der minnen craft,
wan ir craft ist unendehaft.
diu hœhe deist der hôhe muot,
der sich ûf in diu wolken tuot;
dem ist ouch nihtes ze vil,
die wîle er sich gehaben wil
hin ûf, dâ sich der tugende gôz
ze samene welbet an ein slôz.
so gevælet ouch daz niemêr,
die tugende dien sîn iemêr
gesteinet unde gewieret,
mit lobe alsô gezieret,
daz wir, die nidere sîn gemuot,
der muot sich allez nider tuot
und an dem esterîche swebet,
der weder swebet noch enclebet:
wir kapfen allez wider berc

und schouwen oben an daz werc,
daz an ir tugenden dâ stât,
daz von ir lobe her nider gât,
die ob uns in den wolken swebent
und uns ir schîn her nider gebent:
die kapfe wir ze wunder an.
hie wahsent uns die vedern van,
von den der muot in vlücke wirt,
vliegende lob nâch tugenden birt.
Diu want was wîz, eben unde sleht;
daz ist der durnehte reht:
der wîze und ir einbære schîn
dern sol niht missemâlet sîn;
an ir sol ouch kein arcwân
weder bühel noch gruobe hân.
der marmelîne esterîch
der ist der stæte gelîch
an der grüene und an der veste;
diu meine ist ime diu beste
von varwe und von slehte:
diu stæte sol ze rehte
ingrüene sîn reht alse gras,
glat unde lûter alse glas.
Daz bette inmitten inne
der cristallînen minne,
daz was vil rehte ir namen benant.
er hæte ir reht vil rehte erkant,
der ir die cristallen sneit
zir legere und zir gelegenheit:
diu minne sol ouch cristallîn,
durchsihtic und durchlûter sîn.
Innen an der êrînen tür
dâ giengen zwêne rigele vür.
ein valle was ouch innen
mit kündeclîchen sinnen
hin ûz geleitet durch die want,
aldas ouch Tristan dâ vant;
die meisterte ein heftelîn,

daz gie von ûzen dar în
und leite si dar unde dan.
noch slôz noch slüzzel was dar an
und wil iu sagen umbe waz:
dan was niht slôzes umbe daz:
swaz man gerüstes vür die tür
(ich meine ûzerhalp dervür)
ze rûme oder ze slôze leit,
daz tiutet allez valscheit;
wan swer zer Minnen tür în gât,
den man von innen niht în lât,
dazn ist der minnen niht gezalt,
wan daz ist valsch oder gewalt.
durch daz ist dâ der Minnen tor,
diu êrîne tür vor,
die nieman kan gewinnen,
ern gewinne si mit minnen.
ouch ist si durch daz êrîn,
daz kein gerüste müge gesîn
weder von gewalte noch von craft,
von liste noch von meisterschaft,
von valscheite noch von lüge,
dâ mite man si verscherten müge.
und innen ietweder rigel,
ietweder minnen insigel
daz was zem andern gewant
ietwederhalben an der want;
und was der einez cêderîn,
daz ander helfenbeinîn.
nu vernemet die tiute ir bêder:
daz eine insigel der cêder
daz meinet an der minne
die wîsheit und die sinne:
daz von dem helfenbeine
die kiusche und die reine.
mit disen zwein insigelen,
mit disen reinen rigelen
sô ist der Minnen hûs bewart,

valsch unde gewalte vor bespart.
Daz tougenlîche heftelîn,
daz von ûzen hin în
zer vallen was geleitet hin,
daz was ein spinele von zin;
diu valle was von golde,
als si ze rehte solde:
valle unde haft, diz unde daz,
diun mohten beidiu niemêr baz
an ir eigenschaft sîn brâht:
daz zin daz ist diu guote andâht
ze tougenlîchem dinge;
daz golt daz ist diu linge,
zin unde golt sint wol hier an:
sîn andâht mag ein ieclîch man
mit lîhter arbeit alse zin
smalen oder breiten,
kürzen oder lengen,
vrîen oder twengen
sus oder sô, her oder hin
mit lîhter arbeit alse zin
und ist dâ lützel schaden an;
swer aber mit rehter güete kan
ze minnen wesen gedanchaft,
den treit bînamen dirre haft
von zine, dem swachen dinge,
ze guldîner linge
und ze lieber âventiure.
Obene in die fossiure
dâ wâr(e)n niwan driu vensterlîn
schône unde tougenlîchen în
gehouwen durch den ganzen stein,
dâ diu sunne hin în schein:
der einez ist diu güete,
daz ander diemüete,
daz dritte zuht. ze disen drîn
dâ lachet în der süeze schîn,
diu sælige gleste,

êre, aller liehte beste
und erliuhtet die fossiure
werltlîcher âventiure.
ouch hât ez guote meine,
daz diu fossiure als eine
in dirre wüesten wilde lac,
daz man dem wol gelîchen mac,
daz minne und ir gelegenheit
niht ûf die strâze sint geleit
noch an dekein gevilde:
si lôschet in der wilde,
zir clûse ist daz geverte
arbeitsam unde herte;
die berge ligent dar umbe
in maneger swæren crumbe
verirret hin unde wider;
die stîge sint ûf unde nider
uns marteræren allen
mit velsen sô vervallen:
wirn gân dem pfade vil rehte mite,
verstôze wir an eime trite,
wirn komen niemer mêre
ze guoter widerkêre.
swer aber sô sælic mac gesîn,
daz er zer wilde kumet hin în,
der selbe hât sîn arbeit
vil sæleclîchen an geleit;
der vindet dâ des herzen spil:
swaz sô daz ôre hœren wil
und swaz dem ougen lieben sol,
des alles ist diu wilde vol.
sô wærer ungern anderswâ.
Diz weiz ich wol, wan ich was dâ.
ich hân ouch in der wilde
dem vogele unde dem wilde,
dem hirze unde dem tiere
über manege waltriviere
gevolget unde nâch gezogen

und aber die stunde alsô betrogen,
daz ich den bast noch nie gesach.
mîn arbeit und mîn ungemach
daz was âne âventiure:
ich vant an der fossiure
den haft und sach die vallen;
ich bin ze der cristallen
ouch under stunden geweten;
ich hân den reien getreten
dicke dar und ofte dan:
in geruowet aber nie dar an.
und aber den esterich dâ bî,
swie herte marmelîn er sî,
den hân ich sô mit triten zebert:
hæt in diu grüene niht ernert,
an der sîn meistiu tugent lît,
von der er wahset alle zît,
man spurte wol dar inne
diu wâren spor der minne.
ouch hân ich an die liehten want
mîner ougen weide vil gewant
und hân mich oben an daz gôz ,
an daz gewelbe und an daz slôz
mit blicken vil gevlizzen,
mîner ougen vil verslizzen
an der gezierde dar obe,
diu sô gestirnet ist mit lobe.
diu sunnebernde vensterlîn,
diu habent mir in daz herze mîn
ir gleste dicke gesant:
ich hân die fossiure erkant
sît mînen eilif jâren ie
und enkam ze Curnewale nie.

Diu getriuwe massenîe,
Tristan und sîn amîe
si hæten in der wilde
ze walde und ze gevilde

ir muoze und ir unmuoze
besetzet harte suoze.

Marke, von Trauer und Leid bedrückt, reitet zur Jagd aus und gelangt auf der Verfolgung eines Hirsches zur Grotte. Er sieht durch eines der Fensterlein die Liebenden auf dem Bette schlafend, von einander abgewandt und ein bloßes Schwert zwischen sich. Wieder beginnt er zu *zwîvelen*, ob sie nicht doch unschuldig sind; wieder schleicht sich die Minne herzu und bewegt ihn, die beiden zum Hof zurückzurufen.

Die Rückkehr

Der künec enbôt Tristande
und ouch der küniginne
sîne hulde und sîne minne
und daz si wider kæmen
und niemêr war genæmen
dekeines arges wider in.
Curvenal der kêrte hin
und seite in beiden Markes muot.
daz dûhte die gelieben guot
und wurden in ir herzen vrô.
die vröude hætens aber dô
vil harter unde mêre
durch got und durch ir êre
dan durch iht anders, daz ie wart:
sie kêrten wider ûf ir vart
an ir hêrschaft als ê;
sin wurden aber niemêr mê
in allen ir jâren
sô heinlîch, sôs ê wâren,
nochn gewunnen nie zir vröuden sît
sô guote state sô vor der zît.
iedoch was aber Marke,
hof unde gesinde starke
gevlizzen an ir êre.

sin wâren aber nie mêre
vrîlîch und offenbære.
Marke der zwîvelære
gebôt und bat genôte
Tristanden unde Isote,
daz si durch got und ouch durch in
ir vuoge hæten under in
und die vil süezen stricke
ir inneclîchen blicke
vermiten und verbæren
und niht sô heinlîch wæren
noch sô gemeine ir rede als ê.
diz gebot tet den gelieben wê.
Marke der was aber dô vrô.
ze vröuden hæter aber dô
an sînem wîbe Isolde,
swaz sô sîn herze wolde,
niht zêren, wan ze lîbe:
ern hæte an sînem wîbe
noch minne noch meine
noch al der êren keine,
die got ie gewerden liez,
wan dazs in sînem namen hiez
ein vrouwe unde ein künigîn
dâ, dâ er künic solte sîn.
diz nam er allez vür guot
und truog ir allez holden muot,
als er ir vil liep wære.
diz was diu alwære,
diu herzelôse blintheit,
von der ein sprichwort dâ seit:
'diu blintheit der minne
diu blendet ûze und inne.'
si blendet ougen unde sin:
daz si wol sehent under in,
des enwellent si niht sehen.
alsô was Marke geschehen:
der wistez wârez alse den tôt

und sach wol, daz sîn wîp Isot
ir herzen unde ir sinne
an Tristandes minne
mit alle was vervlizzen;
und enwoltes doch niht wizzen.
wem mac man nû die schulde geben
umbe daz êrlôse leben,
daz er sus mit ir hæte?
wan zwâre er missetæte,
der ez Isote seite
ze keiner trügeheite:
weder sin trouc in noch Tristan;
er sach ez doch mit ougen an
und wistes ungesehen genuoc,
dazs ime dekeine liebe truoc
und was sim doch liep über daz.
'war umbe, hêrre, und umbe waz
truoger ir inneclîchen muot?'
dar umbez hiute maneger tuot:
geluste unde gelange
der lîdet vil ange,
daz ime ze lîdene geschiht.
Ahî, waz man (ir) noch hiute siht
der Marke und der Isolde ,
ob manz bereden solde,
die blinder oder alse blint
ir herzen unde ir ougen sint?
irn ist niht dekeiner,
ir ist maniger und einer
an blintheit sô vervlizzen,
ern wil des niht gewizzen,
daz ime lît an den ougen,
und hât daz vür ein lougen,
daz er wol weiz und daz er siht.
wer mac im dirre blintheit iht?
welle wir den billîch schouwen,
sôn sulen wir den vrouwen
dekeine schulde geben hier an.

si sint unschuldic wider die man,
so si si mit ougen sehen lânt,
swaz si gewerbent oder begânt.
swâ man die schulde gesiht,
dân ist man von dem wîbe niht
weder überkerget noch betrogen;
dâ hât geluste gezogen
den nacken vür diu ougen;
gelange derst daz lougen,
daz al der werlde und alle zît
in wol gesehenden ougen lît.
swaz man von blintheit geseit,
son blendet dekein blintheit
als anclîch unde als ange
so geluste unde gelange.
swie wirz verswîgende sîn,
ez ist doch wâr ein wortelîn:
'schœne daz ist hœne.'
diu wunderlîche schœne
der blüejenden Isote
diu blante ie genôte
Marken ûze und innen
an ougen unde an sinnen:
ern kunde niht an ir gesehen,
des er ir zarge wolte jehen;
und swaz er an ir weste,
daz was daz allerbeste.
daz aber diu rede beslozzen sî:
er was ir alse gerne bî,
daz er ez allez übersach,
swaz leides ime von ir geschach.

Die Entdeckung und die endgültige Trennung

Swaz in dem herzen alle zît
versigelt unde beslozzen lît,
deist müelîch ze verberne:
man üebet vil gerne,
daz die gedanken anget.

daz ouge daz hanget
vil gerne an sîner weide.
herze und ouge beide
diu weident vil oft an die vart,
an der ir beider vröude ie wart;
und swer in daz spil leiden wil,
weiz got der liebet in daz spil.
sô mans ie harter dannen nimet,
sô si des spiles ie mê gezimet
und sôs ie harter clebent an.
alsam tet Isot und Tristan:
al zehant dô daz geschach,
daz in ir wunne und ir gemach
sô mit der huote vor bespart,
sô mit verbote benomen wart,
dô was in ande und ange:
der gespenstige gelange
der tet in allerêrste wê,
wê unde maneges wirs dan ê.
in was dô zuo zein ander
vil anger und vil ander,
dan in dâ vor ie würde.
diu bercswære bürde
der verwâzenen huote
diu lac in in ir muote
swære alse ein blîgîner berc.
diu huote daz vertâne antwerc,
diu vîndîn der minne,
diu nam in alle ir sinne;
und aber bînamen Isote
der was ande unde nôte:
Tristandes vremede was ir tôt.
so ir ir hêrre ie mê verbôt
die heinlîche wider in,
sô ir gedanke unde ir sin
ie harter an in was begraben.
diz muoz man ouch an huote haben:
diu huote vuoret unde birt,

dâ man si vuorende wirt,
niwan den hagen unde den dorn;
daz ist der angende zorn,
der lop und êre sêret
und manic wîp entêret,
diu vil gerne êre hæte,
ob man ir rehte tæte.
als man ir danne unrehte tuot,
so swâret ir êre unde muot.
sus verkêret si diu huote
an êren unde an muote.
und doch swar manz getrîbe,
huote ist verlorn an wîbe,
dar umbe daz dekein man
der übelen niht gehüeten kan.
der guoten darf man hüeten niht,
si hüetet selbe, als man giht;
und swer ir hüetet über daz,
entriuwen der ist ir gehaz;
der wil daz wîp verkêren
an lîbe und an den êren
und wætlîch alsô sêre,
daz si sich niemêr mêre
sô verrihtet an ir site,
irn hafte iemer eteswas mite
des, daz der hagen hât getragen:
wan iesâ sô der sûre hagen
in alsô süezem grunde
gewurzet zeiner stunde,
man wüestet in unsanfter dâ
dan in der dürre und anderswâ.
ich weiz wol, daz der guote muot,
der dem sô lange unrehte tuot,
biz er mit übele unvrühtic wirt,
daz der noch erger übel birt,
dan der ie übel ist gewesen.
deist wâr, wan daz hân ich gelesen.
durch daz sô sol ein wîse man

oder swer dem wîbe ir êren gan,
wider ir guotem muote
dekeine ander huote
zir tougenheite kêren
wan wîsen unde lêren,
zarten unde güeten:
dâ mite sol er ir hüeten;
und wizze wærlîche daz:
ern gehüetet niemêr baz.
wan si sî übel oder guot,
der ir ze dicke unrehte tuot,
si gevâhet lîhte ein muotelîn,
des man gern âne wolte sîn.
jâ sol ein ieclîch biderbe man
und der ie mannes muot gewan,
getrûwen sînem wîbe
und ouch sîn selbes lîbe,
dazs aller slahte unmâze
durch sîne liebe lâze.
swie dicke mans beginne,
dem wîbe enmac ir minne
nieman ûz ertwingen
mit übelîchen dingen:
man leschet minne wol dermite.
huote ist ein übel minnen site:
si quicket schedelîchen zorn;
daz wîp ist gar dermite verlorn.
Der ouch verbieten möhte lân,
ich wæne, ez wære wol getân:
daz birt an wîben manegen spot.
man tuot der mangez durch verbot,
daz man ez gar verbære,
ob ez unverboten wære.
der selbe distel unde der dorn
weiz got der ist in an geborn:
die vrouwen, die der arte sint,
die sint ir muoter Even kint;
diu brach daz êrste verbot:

ir erloubet unser hêrre got
obez, bluomen unde gras,
swaz in dem paradîse was,
daz si dâ mite tæte,
swie sô si willen hæte,
wan einez daz er ir verbôt
an ir leben und an ir tôt;
die pfaffen sagent uns mære,
daz ez diu vîge wære:
daz brach si und brach gotes gebot
und verlôs sich selben unde got.
ez ist ouch noch mîn vester wân:
Eve enhætez nie getân
und enwære ez ir verboten nie.
ir êrste werc, dazs ie begie,
dar an sô bûwetes ir art
und tet, daz ir verboten wart.
swer sich aber der dinge enstât,
sô hætes Eve guoten rât
umbe daz obez daz eine:
si hæte doch gemeine
diu anderen alle
nâch allem ir gevalle
und enwolte ir keinez niuwan daz,
dar ans ouch alle ir êre gaz.
sus sint ez allez Even kint,
die nâch der Even gêvet sint.
hî, der verbieten künde,
waz er der Even vünde
noch hiutes tages, die durch verbot
sich selben liezen unde got!
und sît in daz von arte kumet
und ez diu natiure an in vrumet,
diu sich es danne enthaben kan,
dâ lît vil lobes und êren an.
wan swelh wîp tugendet wider ir art,
diu gerne wider ir art bewart
ir lop, ir êre unde ir lîp,

diu ist niwan mit namen ein wîp
und ist ein man mit muote;
der sol man ouch ze guote,
ze lobe unde zêren
alle ir sache kêren.
swâ sô daz wîp ir wîpheit
unde ir herze von ir leit
und herzet sich mit manne,
dâ honiget diu tanne,
dâ balsemet der scherlinc,
der nezzelen ursprinc
der rôset ob der erden.
Waz mac ouch iemer werden
sô reines an dem wîbe,
sô daz si wider ir lîbe
mit ir êren vehte
nâch ietweders rehte
des lîbes unde der êren!
si sol den kampf sô kêren,
daz si den beiden rehte tuo
und sehe ietwederm alsô zuo,
daz daz ander dâ bî
von ir iht versûmet sî.
ezn ist niht ein biderbe wîp,
diu ir êre durch ir lîp,
ir lîp durch ir êre lât,
sô guote state sô si des hât,
daz si si beidiu behabe:
engê noch dem noch disem abe,
behalte si beide
mit liebe und mit leide,
swie sô siz an gevalle.
weiz got si müezen alle
stîgen in ir werdekeit
mit micheler arbeit.
bevelhe unde lâze
ir leben an die mâze;
dâ besetze ir sinne mite,

dâ ziere mite lîp unde site:
mâze diu hêre
diu hêret lîp und êre.
Ezn ist al der dinge kein,
der ie diu sunne beschein,
sô rehte sælic sô daz wîp,
diu ir leben unde ir lîp
an die mâze verlât,
sich selben rehte liebe hât;
und al die wîle und al die vrist,
daz si ir selber liep ist,
sô ist der billîch ouch derbî,
dazs al der werlde liep sî.
ein wîp, diu wider ir lîbe tuot,
diu sô gesetzet ir muot,
daz si ir selber ist gehaz,
wer sol die minnen über daz?
diu selbe ir lîp unmæret
und daz der werlt bewæret,
waz liebe oder waz êren
sol ieman an die kêren?
man leschet gelangen,
sô der beginnet angen,
und wil daz namelôse leben
dem gehêreten namen geben.
nein nein, ezn ist niht minne,
ez ist ir æhtærinne,
diu smæhe, diu bœse,
diu bœse getelœse!
diun wirdet wîbes namen niht,
alse ein wârez sprichwort giht:
'diu manegem minne sinnet,
diust manegem ungeminnet.'
diu gerne dâ nâch sinne,
dazs al diu werlde minne,
diu minne sich selben vor,
zeige al der werlde ir minnen spor:
sint ez durnehte minnen trite,

elliu diu werlt diu minnet mite.
ein wîp, diu ir wîpheit
wider ir selber liebe treit
der werlde zuo gevalle,
die sol diu werlt alle
wirden unde schœnen,
blüemen unde crœnen
mit tegelîchen êren,
ir êre mit ir mêren.
an swen ouch diu genendet,
an den si gar gewendet
ir lîp unde ir sinne,
ir meine unde ir minne,
der wart sælic ie geborn,
der ist geborn unde erkorn
ze lebenden sælden alle wîs,
der hât daz lebende paradîs
in sînem herzen begraben;
dern darf dekeine sorge haben,
daz in der hagen iht ange,
sôr nâch den bluomen lange;
daz in der dorn iht steche,
sô er die rôsen breche.
dan ist der hagen noch der dorn;
dan hât der distelîne zorn
mitalle niht ze tuone.
diu rôsîne suone
diu hât ez allez ûz geslagen:
dorn unde distel unde hagen.
in disem paradîse
dâ enspringet an dem rîse,
engruonet noch enwahset niht,
wan daz daz ouge gerne siht.
ez ist gâr in blüete
von wîplîcher güete;
dan ist niht obezes inne
wan triuwe unde minne,
êre und werltlîcher prîs.

Ahî, ein sô(ge)tân paradîs,
daz alsô vröudebære
und sô gemeiet wære,
dâ möhte ein sæliger man
sînes herzen sælde vinden an
und sîner ougen wunne sehen.
waz wære ouch dem iht wirs geschehen
dan Tristande unde Isolde?
der mirs gevolgen wolde,
ern dörfte niht sîn leben geben
umb keines Tristandes leben;
wan zwâre ein rehte tuonde wîp
an swen diu lât êre unde lîp
und sich der beider dar bewiget,
hî, wie si des von herzen pfliget!
wie hât sin in sô süezer pflege!
wie rûmets alle sîne wege
vor distel und vor dorne,
vor allem senedem zorne!
wie vrîet sin vor herzenôt,
sô wol sô nie dekein Isot
dekeinen ir Tristanden baz.
und hân ez ouch bînamen vür daz:
der suohte, alse er solde,
ez lebeten noch Isolde,
an den man ez gâr vünde,
daz man gesuochen künde.
Nu suln wir wider zer huote komen:
den gelieben, alse ir habet vernomen,
Isolde und Tristande
den was diu huote als ande,
verbot daz tet in alse wê,
dazs also vlîzeclîchen ê
zir state nie gedâhten,
biz sîz ouch vollebrâhten
nâch allem ir leide:
si gewunnen es beide
leit unde tôtlîche clage.

ez was an einem mitten tage
und schein diu sunne sêre,
leider ûf ire êre;
zweier hande sunnen schîn
der gleste der künigîn
in ir herze und in ir sinne:
diu sunne und diu minne;
der senede muot, diu heize zît
diu muoten si inwiderstrît.
sus wolte si dem strîte,
dem muote unde der zîte
mit einem liste entwichen sîn
und viel inmitten dar în
si begunde in ir boumgarten
ir gelegenheite warten:
si suohte zuo zir state schate,
schate, der ir zuo (z)ir state
schirm unde helfe bære,
dâ küele und eine wære.
und al zehant daz si den vant,
si hiez ein bette dar zehant
rîlîche und schône machen:
kulter und lîlachen,
purper unde plîât,
küniclîcher bettewât
wart über daz bette vil geleit.
nu daz daz bette was bereit,
sôz iemer beste kunde,
dô leite sich diu blunde
in ir hemede dar an.
die juncvrouwen hiez si dan
entwîchen al gemeine
niwan Brangænen eine.
nu was Tristande ein bote getân,
daz erz durch niht solte lân,
ern spræche Isote sâ ze stete.
nu tet er rehte als Adam tete:
daz obez, daz ime sîn Eve bôt,

daz namer und az mit ir den tôt.
er kam und gie Brangæne hin
zen vrouwen und saz nider zuo zin
mit angestlîcher swære.
si hiez die kameræere
alle die tür besliezen
und nieman ouch în liezen,
si selbe enhieze in în lân.
die tür die wurden zuo getân.
und als Brangæne nider gesaz,
nu bedâhte si daz
und betrûretez in ir muote,
daz vorhte noch huote
an ir vrouwen niht vervie.
Binnen disen trahten gie
der kameræere einer vür die tür
und was sô schiere nie dervür,
der künec engienge gegen im în
und vrâgete nâch der künigîn
vil harte unmüezeclîche.
nu sprach ir iegelîche:
'si slâfet, hêrre, ich wæne.'
diu verdâhte Brangæne,
diu arme erschrac unde gesweic,
ir houbet ûf ir ahsel seic,
hende und herze enpfielen ir.
der künec sprach aber: 'nu saget mir,
wâ slâfet si diu künigîn?'
si wîsten in zem garten în;
und Marke kêrte hin zehant,
dâ er sîn herzeleit dâ vant:
wîp unde neven die vander
mit armen zuo zein ander
gevlohten nâhe und ange,
ir wange an sînem wange,
ir munt an sînem munde;
swaz er gesehen kunde,
daz in diu decke sehen lie,

daz vür daz deckelachen gie
zuo dem oberen ende:
ir arme unde ir hende,
ir ahsel unde ir brustbein
diu wâren alsô nahe in ein
getwungen unde geslozzen:
und wære ein werc gegozzen
von êre oder von golde,
ezn dorfte noch ensolde
niemêr baz gevüeget sîn.
Tristan und diu künigîn
die sliefen harte suoze,
ine weiz nâch waz unmuoze.
Der künec dô der sîn ungemach
als offenbærlîche ersach,
dô was im êrste vür geleit
sîn endeclîchez herzeleit.
er was aber ein verrihter man:
wân unde zwîvel was dô dan,
sîn altiu überleste;
ern wânde niht, er weste:
des er dâ vor ie hæte gert,
des was er alles dô gewert.
entriuwen ez ist aber mîn wân,
im hæte dô vil baz getân
ein wænen danne ein wizzen.
des er ie was gevlizzen
ze komene von der zwîvelnôt,
dar an was dô sîn lebender tôt.
sus gienger swîgende dan;
sînen rât und sîne man
die nam er sunder dort hin.
er huob ûf unde seite in,
daz ime gesaget wære
vür ein wârez mære,
daz Tristan und diu künigîn
bî ein ander solten sîn,
dazs alle mit im giengen dar

und næmen umb si beidiu war,
ob mans alsô vünde dâ,
daz man im von in beiden sâ
reht unde gerihte tæte,
alsô daz lantreht hæte.
Nun was ouch daz sô schiere nie,
daz Marke von dem bette gie
und harte unverre was dervan,
sô daz erwachet ouch Tristan
und sach in von dem bette gân.
'â' sprach er, 'waz habt ir getân,
getriuwe Brangæne!
weiz got Brangæne, ich wæne,
diz slâfen gât uns an den lîp.
Isot wachet, armez wîp!
wachet, herzekünigîn!
ich wæne, wir verrâten sîn.'
'verrâten?' sprach si 'hêrre, wie?'
'mîn hêrre der stuont ob uns hie:
er sach uns beide und ich sach in.
er gât von uns iezuo dâ hin
und weiz bînamen alsô wol,
sô daz ich ersterben sol:
er wil ze disen dingen
helfe unde geziuge bringen:
er wirbet unseren tôt
herzevrouwe, schœne Isot,
nu müeze wir uns scheiden
sô wætlîch, daz uns beiden
sô guotiu state niemêr mê
ze vröuden widervert als ê.
nu nemet in iuwer sinne,
wie lûterlîche minne
wir haben geleitet unze her,
und sehet, daz diu noch stæte wer;
lât mich ûz iuwerm herzen niht!
wan swaz dem mînem geschiht,
dar ûz enkomet ir niemêr:

Isot diu muoz iemêr
in Tristandes herzen sîn.
nu sehet, herzevriundîn,
daz mir vremede unde verre
iemêr hin ziu gewerre!
vergezzet mîn durch keine nôt.
dûze amîe, bêle Isot,
gebietet mir und küsset mich!'
Si trat ein lützel hinder sich,
siuftende sprach si wider in:
'hêrre, unser herze und unser sin
diu sint dar zuo ze lange,
ze anclîch unde zange
an ein ander vervlizzen,
dazs iemêr suln gewizzen,
waz under in vergezzen sî.
ir sît mir verre oder bî,
sôn sol doch in dem herzen mîn
niht lebenes noch niht lebendes sîn
wan Tristan, mîn lîp und mîn leben.
hêrre, ich hân iu nu lange ergeben
beidiu leben unde lîp;
nu sehet, daz mich kein lebende wîp
iemêr von iu gescheide,
wir ensîn iemêr beide
der liebe unde der triuwe
stæte unde niuwe,
diu lange und alse lange vrist
sô reine an uns gewesen ist.
und nemet hie diz vingerlîn:
daz lât ein urkünde sîn
der triuwen unde der minne:
ob ir dekeine sinne
iemêr dâ zuo gewinnet,
daz ir âne mich iht minnet,
daz ir gedenket derbî,
wie mînem herzen iezuo sî.
gedenket an diz scheiden,

wie nâhen ez uns beiden
ze herzen und ze lîbe lît.
gedenket maneger swæren zît,
die ich durch iuch erliten hân,
und lât iu nieman nâher gân
dan Isolde, iuwer vriundîn!
durch nieman sô vergezzet mîn:
wir zwei wir haben liep unde leit
mit solher gesellekeit
her unz an dise stunde brâht;
wir suln die selben andâht
billîche leiten ûf den tôt.
hêrre, ez ist allez âne nôt,
daz ich iuch alse verre mane:
wart Isot ie mit Tristane
ein herze unde ein triuwe,
sô ist ez iemêr niuwe,
sô muoz ez iemêr stæte wern.
doch wil ich einer bete gern:
swelch enden landes ir gevart,
daz ir iuch, mînen lîp, bewart;
wan swenne ich des verweiset bin,
sô bin ich, iuwer lîp, dâ hin:
mir, iuwerm lîbe, dem wil ich
durch iuwern willen, niht durch mich,
vlîz unde schœne huote geben;
wan iuwer lîp und iuwer leben,
daz weiz ich wol, daz lît an mir:
ein lîp, (und) ein leben daz sîn wir.
nu bedenket ie genôte
mich, iuwern lîp, Isote.
lât mich an iu mîn leben sehen ,
sôz iemêr schierest müge geschehen,
und sehet ouch ir daz iure an mir.
unser beider leben daz leitet ir.
nu gât her und küsset mich:
Tristan und Isot, ir und ich,
wir zwei sîn iemêr beide

ein dinc âne underscheide.
dirre kus sol ein insigel sîn,
daz ich iuwer unde ir mîn
belîben stæte unz an den tôt,
niwan ein Tristan und ein Isot.'
Nu daz diu rede versigelt wart,
Tristan der kêrte ûf sîne vart
mit jâmer und mit maneger nôt.
sîn lîp, sîn ander leben, Isot
beleip mit manegem leide:
die spilgesellen beide
dien geschieden sich ê mâles nie
mit solher marter alse hie.
hie mite was ouch der künic komen
und hæte ein her ze sich genomen
von sînem hoverâte.
si kâmen aber ze spâte :
si vunden niwan Isote;
diu lag ouch ie genôte
in trahten an ir bette als ê,
nu daz der künec dâ nieman mê
wan eine sîne Isote vant,
sîn rât der nam in al zehant
und vuortin sunder dort hin dan:
'hêrre' sprâchen sî 'hier an
missetuot ir harte sêre,
iuwer wîp und iuwer êre
daz ir diu ze alsô maneger zît
ziehende unde zogende sît
ze lasterlîcher inziht
gâr âne nôt und umbe niht.
ir hazzet êre unde wîp
und almeist iuwer selbes lîp.
wie muget ir iemêr werden vrô,
die wîle ir iuwer vröude alsô
an iuwerm wîbe swachet
und si ze spelle machet
über hof und über lant

und habet an ir noch niht erkant,
daz wider ir êren müge gesîn?
waz wîzet ir der künigîn?
war umbe velschet ir die,
diu nie valsch wider iuch begie?
hêrre, durch iuwer êre
getuot ez niemêr mêre:
vermîdet sus getânen spot
durch iuch selben und durch got!'
sus nâmen sin mit rede dervan,
daz er in volgen began
und aber sînen zorn lie
und ungerochen dannen gie.

Schlußteil der Hauptgeschichte

Tristan zen herbergen kam:
sîn ingesinde er allez nam
unde zogete sich mit in
wol balde gein der habe hin.
daz êrste schif, daz er dâ vant,
dar în sô kêrter al zehant
und vuor ze Normandîe,
er und sîn massenîe.
nu was er aber unlange dâ,
wan sîn gemüete riet im sâ,
daz er eteswie suohte ein leben,
daz ime lîbunge kunde geben
und trôst ze sîner triure.
hie merket âventiure:
Tristan vlôch arbeit unde leit
und suohte leit und arbeit,
er vlôch Marken und(e) den tôt
und suohte tôtlîche nôt,
diu in in dem herzen tôte:
diu vremede von Isote.
waz half, daz er den tôt dort vlôch
und hie dem tôde mite zôch?
waz half, daz er der quâle
entweich von Curnewale
und sime doch ûf dem rucke lac
alle zît naht unde tac?
dem wîbe nerter daz leben
und was dem lebene vergeben
niuwan mit dem wîbe.
ze lebene und ze lîbe
enwas niht lebendes sîn tôt
niwan sîn beste leben, Isot:
sus twang in tôt unde tôt.
nu gedâhter, solte im disiu nôt

iemêr ûf der erden
sô tragebære werden,
daz er ir möhte genesen,
daz müese an ritterschefte wesen.
Nu was ein lantmære,
daz grôz urliuge wære
zAlmanje in dem lande.
diz seite man Tristande.
sus kêrter wider Schampanje
dannen her zAlmanje;
hie dienter alsô schône
dem zepter unde der crône,
daz rœmesch rîche nie gewan
under sînem vanen einen man,
der ie würde alsô sagehaft
von manlîcher ritterschaft.
gelückes unde linge
an manlîchem dinge
und âventiure erwarber vil,
der ich aller niht gewehenen wil;
wan solte ich alle sîne tât,
die man von ime geschriben hât,
rechen al besunder,
des mæres würde ein wunder.
die fabelen, die hier under sint,
die sol ich werfen an den wint:
mir ist doch mit der wârheit
ein michel arbeit ûf geleit.
Tristandes leben und sîn tôt,
sin lebender tôt, diu blunde Isot,
der was wê und ande.
des tages dô sî Tristande
und sînem kiele nâch sach,
daz ir daz herze dô niht brach,
daz schuof daz, daz er lebende was.
sîn leben half ir, daz sî genas;
sin mohte leben noch sterben
âne in niht erwerben.

tôt unde leben hæt ir vergeben:
sîn mohte sterben noch geleben.
daz lieht ir liehten ougen
daz nam sîn selbes lougen
oft und ze maneger stunde.
ir zunge in ir munde
diu gesweic ir dicke zuo der nôt:
dan was weder leben noch tôt
und wâren doch dâ beide.
si wâren aber von leide
ir rehtes alsô rehtelôs,
daz si dewederez dâ kôs.
dô si den segel vliegen sach,
ir herze wider sich selben sprach:
'owî owî, mîn hêr Tristan,
nu clebet iu mîn herze allez an,
nu ziehent iu mîn ougen nâch
und ist iu von mir harte gâch.
wie gâhet ir alsus von mir?
nu weiz ich doch vil wol, daz ir
von iuwerm lebene ziehet,
swenne ir Isolde vliehet;
wan iuwer leben daz bin ich.
iht mêre muget ir âne mich
iemêr geleben keinen tac,
dan ich âne iuch geleben mac.
unser lîp und unser leben
diu sint sô sêre in ein geweben,
sô gâr verstricket under in,
daz ir mîn leben vüeret hin
und lâzet mir daz iuwer hie.
zwei leben diu enwurden nie
alsus gemischet under eîn.
wir zwei wir tragen under uns zwein
tôt unde leben ein ander an;
wan unser enwederez enkan
ze rehte sterben noch geleben,
ezn müeze ime daz ander geben.

hie mite enist diu arme Isot
noch lebende noch rehte tôt:
ine kan weder dar noch dan.
Nu hêrre, mîn hêr Tristan,
sît daz ir mit mir alle zît
ein lîp unde ein leben sît,
sô sult ir mir ouch lêre geben,
daz ich behabe lîp unde leben
iu zaller êrst, dâ nâch mir.
nu lêret an! wes swîget ir?
uns wære guoter lêre nôt.
waz rede ich sinnelôse Isot?
Tristandes zunge und mîn sin
diu varnt dort mit ein ander hin.
Isote lîp, Isote leben
diu sint bevolhen unde ergeben
den segeln unde den winden.
wâ mag ich mich nu vinden?
wâ mac ich mich nu suochen, wâ?
nu bin ich hie und bin ouch dâ
und enbin doch weder dâ noch hie.
wer wart ouch sus verirret ie?
wer wart ie sus zerteilet mê?
ich sihe mich dort ûf jenem sê
und bin hie an dem lande.
ich var dort mit Tristande
und sitze hie bî Marke.
und criegent an mir starke
beidiu tôt unde leben;
mit disen zwein ist mir vergeben.
ich stürbe gerne, möhte ich;
nune lâzet er mich.
an dem mîn leben behalten ist.
nun mag ich ouch ze dirre vrist
weder mir noch ime geleben wol,
sît daz ich âne in leben sol.
er lât mich hie und vert er hin
und weiz wol, daz ich âne in bin

reht innerthalp des herzen tôt.
Weiz got diz rede ich âne nôt;
mîn leit ist doch gemeine,
ine tragez niht al eine:
es ist sîn alse vil sô mîn,
und wæne es ist noch mêre sîn.
sîn jâmer und sîn pîne
diust groezer dan diu mîne:
daz scheiden, daz er von mir tuot,
beswæret mir daz mînen muot,
ez swæret noch den sînen mê.
tuot mir daz in dem herzen wê,
daz ich sîn hie bî mir enbir,
ez tuot im noch wirs danne mir.
clage ich in, sô claget er mich;
und claget er niht billîche als ich.
ich wil mir wol ze rehte sagen,
daz ich mir trûren unde clagen
billîche nâch Tristande nime:
wan mîn leben daz lît an ime;
dâ wider sô lît an mir sîn tôt:
durch daz sô claget er âne nôt.
er mac vil gerne von mir varn,
sîn êre und sînen lîp bewarn;
wan solte er lange bî mir wesen,
son kunder niemêr genesen.
durch daz sol ich sîn haben rât;
swie rehte nâhen ez mir gât,
ern sol durch den willen mîn
sîn selbes niht in sorgen sîn.
mit swelher nôt ich sîn enber,
mir ist doch lieber vil, daz er
gesundes lîbes von mir sî,
dan er mir alsô wære bî,
daz ich mich des versæhe ,
daz im schade bî mir geschæhe;
wan weizgot swer ze sînem vromen
mit sînes vriundes schaden wil komen,

der treit im cleine minne.
swaz schaden ich sîn gewinne,
ich wil Tristandes vriundîn
gern âne sînen schaden sîn;
daz ime sîn dinc ze liebe ergê,
ine ruoche und ist mir iemêr wê:
ich wil mich gerne twingen
an allen mînen dingen,
daz ich mîn unde sîn entwese,
durch daz er mir und ime genese.'

Auf dieser höchsten Stufe selbstloser Liebe verzichtet Isolde. Tristan versucht weiter zum Vergessen zu kommen. Nach kurzem Aufenthalt in Parmenien zieht er erneut zum Krieg in das Land Arundel. Mit dem jungen Kaedin, dem Sohn des Herzogs Jovelin, schließt er Freundschaft. Jovelins Tochter aber, die auch den Namen Isolde trägt, erneut das Sehnsuchtsleid: *sîn altiu herzeriuwe / diu wart aber dô niuwe*. Tristan gerät in völlige Verwirrung. Er hofft, durch die Liebe zur zweiten Isolde, Isolde „Weißhand", seine *senebürde* zu erleichtern; zugleich aber klagt er sich der *untriuwe* an, bekämpft und überwindet die Neigung. Ein zweites und drittes Mal wird er unsicher, bis er sich schließlich selbst einzureden und zu begründen sucht, daß ihm *diu triuwe* und *diu minne,* die er zu seiner *vrouwen* hat, *niht ze staten* geht. Seine Gründe oder Scheingründe sind: 1. *die triuwe* hilft nichts; 2. das Leiden ist vergeblich; 3. wir sind jetzt zu sehr geschieden; 4. unser *gemeinez leit* besteht nicht mehr, denn Isolde ist froh (19 485—19 488); *ich wæne,* sagt er! Ganz Falsches „wähnt" er. Aber es ergeben sich so die Vorwände. Isolde hat ja einen Gesellen in Marke, er aber ist allein. Und Isolde hat nicht nach ihm geschickt oder gesucht. Hier bricht das Gedicht ab. Was bedeutet dieser Schluß?

Auch dieser letzte Versuch Tristans, aus den unlösbaren Verwicklungen auszubrechen, wird ihn nur tiefer in sein leidvolles Schicksal hineinführen. Dieser Versuch, der ein

Abgleiten von den Idealen des Prologs und des Romans bedeutet, kann nicht das Letzte sein. Tristan wird sich wiederfinden, er wird aus seiner Verirrung zurückkehren und zurückkehren wollen. Es kann kein anderes Ende als den Untergang geben.

Wörterverzeichnis

c *ist als* k *(bzw.* z); v *ist als* f; a *als* æ; ü *als* ue; ö *als* œ *eingereiht.*

abebrechen *Abbruch tun*
aber *wiederum*
achtærinne *f. Feindin*
ahte *f. Art u. Weise*
âkust *f. Schlechtigkeit, Tücke*
al eine *obwohl*
allez *(adv. Akk.) durchaus; immer*
abrihte : in a. *sogleich*
als *also, so*
alsam *genau ebenso*
alumbe *rundum*
ambet *n. Bestimmung*
ameiren *lieben*
amûren *lieben*
ânam *f. Übername*
andâht *f. Andenken; die auf etwas gerichteten Gedanken*
ande *Kompar.* ander *übel zu Mut*
anderunge *f. Änderung Variation, Modulation*
âne *ohne; außer*
anvallen *anbrechen*
ange, anclîche *(adv.) eng, dicht*
angen *einengen*
angende *part. quälend*
angest f. : mich nimet a. *ich sorge mich*
anclîchen *adv. sorgfältig*
ankomen *(m. Akk.) einem näher kommen*
anligen *(einem) veranlassen*
anpfanc *m. feierlicher Empfang*
ansitzen (zeinander) *einander gegenübersitzen*
anstricken *anbinden, befestigen*
ansuochen *versuchen*
antragen *herantreiben*
antrîben *tun, fortsetzen*
antwerc *n. Werkzeug, Geschöpf*
arbeitsam *anstrengend*
arc *arg, böse, feindselig*
archeit *f. Böses, Bosheit*
arcwænen, arcwânde *(trans.) beargwöhnen*
arzatîe *f. Arznei*
âventiure *f. wunderbare Begebenheit; Ereignis, Geschichte; Schicksal;* von a. *zufällig*

balsemen *Balsam geben*
banekîe *f. Erholung, Unterhaltung, Belustigung*
baniere *f. Fahne*
bar *bloß*
bast *m. der letzte Teil des Jagens, das Ende, Ziel*
bataljen *kämpfen*
batêle *f. kleines Boot*
bevelhen, bevalh, bevulhen *(dem Schutz) anbefehlen, unterstellen*
begrîfen *erreichen*
behaben *behalten*
behalten *aufbewahren, bewahren*
beidiu — unde *sowohl — als auch*

bejac *m. Beute (des Jägers), Ertrag, Gewinn*
becroiren *ausrufen*
belde *f. Kühnheit*
belîben *unterbleiben*
belseme *swm. Balsam, Süßigkeit*
bemæren *(trans.) mit einem* mære *versehen*
bemeinen *widmen, bestimmen*
benennen *bestimmen*
berc *m.* : wider b. *empor, in die Höhe*
bereden *zur Sprache bringen*
bern, bar *gewähren, zeigen*
bern *(hervor)bringen*
beslihten *beruhigen*
besnîden *abmessen, zurichten*
bescheiden *trennen*
bescheiden *auseinandersetzen, erzählen*
bescheidenheit *f. maßvoller Ausgleich*
beschouwen *besuchen*
besetzen *festsetzen, festhalten;* den muot b. *beschließen*
besitzen, besaz, belagern; *in Besitz nehmen*
besnaben *straucheln*
besperren, bespart *zusperren;* vor b. *(m. Dat.) vor etwas verschließen*
besprechen *verabreden*
bestân *betreffen; m. Akk. zu einem kommen*
besunder *adv. namentlich*
betagen *den Tag abwarten*
bete *f. Bitte*
betihten *erdichten, ersinnen*
betrachten *beurteilen, unterscheiden*
betriegen, betrogen : die stunde b. *die Zeit verbringen*
bettewât *m. Bettzeug*
betwingen *(trans.) einem Zwang antun, ihn einschränken*
bewærde *f. Zeichen, Beweis*
bewæren, bewârte *als wahr dartun, beweisen*
bewegen, bewac *(refl. m. Gen.) sich aufs Geratewohl wozu entschließen; auf etwas verzichten*
bewegen *sw. v. (refl.) sich bewegen, ablaufen*
bewîsen *anweisen*
beworrenheit *f. Verwirrung*
bezzern *besser, anders machen*
bickelwort *n. pl. „Würfelworte" (?); undeutliche, schwierige Sprache*
biderbe *tapfer*
bîlant *n. Nachbarland*
bilde *n. Abbild*
ist
billîch *mit Recht*
billîch *m. was recht u. gemäß ist*
bilsensame *m. Same von Bilsenkraut*
bînamen *wahrhaftig*
binden : gebunden ûf *gefesselt an*
binnen *drinnen, innerhalb*
blanc *blinkend, weiß*
blat *n. Blatt, Laub*
blenden, blante *blenden*
blîgîn *bleiern*
bluemen *schmücken*
bluot *f. Blüten, Blumen*
bœse *schlecht*
borc *m. Handel*
borte *m. Rand, Borte*

bote : boten tuon *Botschaft senden*
bracke *m. Jagdhund*
braht *m. Lärm, Geschrei*
brechen : den lîp br. *sich krümmen*
breiten *breit machen, ausdehnen*
bresten *fehlen*
brîten *weben*
brûn *violett*
bûhel *m. Erhöhung*
burc *f. befestigter Ort*
bûhurdieren *im Buhurt, im Massenkampf kämpfen*
bûhurt *m. Turnierkampf ganzer Scharen*
bûwen *bauen, pflanzen, anbauen, bestellen; bewähren*

danc; âne ir d. *widerwillig*
dannoch *damals noch*
dicke *adv. oft*
diemuete *demütig*
dienest *m. Diener, Dienstmann, Dienerschaft*
discantoit *praet. von franz.* discanter *die zweite Stimme singen*
distelîn *aus Disteln*
diu : diu gelîche *desgleichen;* von diu *deshalb*
diube *f. Diebstahl; gestohlene Sachen*
doch *conj. obwohl*
dôn *m. Melodie, Lied*
dorperîe *f. Zuchtlosigkeit*
dürre *f. dürres Land*
durch *wegen, um — willen*
durchlûter *ganz hell und klar*
durnehte *f. Vollkommenheit, Treue*
durnehteclîch *vollkommen, tüchtig, treu*
durnehtic *vollkommen, tadellos, treu*
durnehtikeit *f. Vollkommenheit, Treue*
durchverwen *vollständig ausmalen*
durchzieren *vollständig ausschmücken*
duzz *m. das Rauschen*

ê *adv. früher*
ê *f. Gesetz; Glaube*
ebene *glatt, gerade; gleichmäßig, bequem, passend*
ebenen *glätten*
ebengrôz *ebenbürtig*
edel *adelig, von edler Gesinnung*
edelkeit *f. Adel*
edeln *veredeln*
eigenschaft *f. Eigenheit*
ein : in ein gân *zusammenstimmen*
einbære *einhellig*
einbærlîche *übereinstimmend*
eine *f. Einsamkeit*
eine *allein;* in eine werden *beschließen*
einvalt *eins (= einig)*
einhalp *auf der einen Seite*
enbîzen *genießen*
ende : ûf dem ende sîn *am Ziel sein;* des endes *(adv.) dahin;* swelch enden *wohin immer*
endelest *äußerst*
endeclîch *schließlich, endgültig*
enge *f. enges Tal*
enstân *(refl.) verstehen, merken*
enthaben *(refl.) sich enthalten*

entherzen *die Besinnung rauben*
entsehen *(m. Gen.) merken*
entsliezen *eröffnen, erklären*
entsorgen *von Sorgen frei machen*
entweln *verweilen*
entwenken *entfliehen*
entwerden *entgehen*
entwern *(einen) ihm etwas versagen*
entworfen *part. in die Höhe gewachsen*
enwette *um die Wette*
entsagen *vorenthalten; leugnen, verheimlichen*
êr *n. Erz, Eisen*
êrbære *der* êre *gemäß sich verhaltend, edel*
erbermeclîch *jammervoll*
erbevogetin *f. Erbherrin*
erbeizen *absteigen (vom Pferd)*
erbepfluoc *m. Erbpflug*
êre *f. Anerkennung, Ansehen*
êrengir *ehrbegierig*
ervarn *in Erfahrung bringen, erkunden*
ergraben *eingraben*
erhaben *empor ragend*
erheben *anheben, anfangen*
êrîn *ehern*
erkant *bekannt, berühmt*
erkennen *: praet.* erkande *ich habe oder hatte kennen gelernt; weiß oder wußte*
erkomen *erschrecken*
erküelen *erfrischen*
erkunnen *kennen lernen*
erleschen, erlaschte *(trans.) auslöschen*
erliuhten *hell, strahlend machen*
ernern *retten*
ersteinen *versteinern*
erstummen *verstummen*
ertrahten *sich ausdenken*
et *halt, eben*
eteswenne *manchmal*

vâhen, vienc *anfangen*
valle *f. Türfalle, Klinke*
var *f. Fahrt*
vâren *nachstellen, auf etwas achten, wonach streben*
vart *f. Fährte*
vaste *f. Fasten*
vederen *pl. die Flügel*
vêhen *bunt machen*
veiclîch *Tod bringend unselig*
feine *f. Fee*
feinen *in Feenart begaben*
feitieren *schmücken*
feitiure *f. Ausrüstung*
vellen, valte *erobern*
velschen *schlecht machen; verleumden*
velschlîch *falsch, treulos*
verbern *nicht haben, meiden*
verbrinnen, verbran *(intr.) verbrennen, sich verbrennen*
verdâht *part. in Gedanken verloren*
vereinen *absondern, befreien*
vervâhen, — vie *nützen*
vervallen *verschütten*
vergangen *verirrt*
vergeben *(m. Dat.) einen vergiften*
ver'geben : mir ist vergeben mit . . . *ich bin vergiftet durch . . .*
vergebene *unentgeltlich, umsonst*
verirret *part. zerstreut*

verkêren *(trans.) verdrehen, eine falsche Richtung geben*
verlân *anheimstellen*
verlân *(absol.) unterlassen*
verlâzen *aufgeben*
verliesen, verlorn *(trans.) verderben, zu Grunde richten*
vermæren *verraten*
vernamen *im Namen mißbrauchen*
vernemen *aufnehmen*
verre : ze verre *allzusehr*
verrihten *zurecht richten, herrichten*
verrihten *(refl.) sich zurecht finden; eine Richtung einschlagen; sich wieder in die richtige Verfassung bringen*
verrihtet *part. endgültig unterrichtet*
versagen *vorenthalten*
verscherten *schartig machen, verletzen*
verschieben, verschoup *verstopfen*
versehen *(refl. m. Gen.) auf etwas rechnen, es fürchten*
verslîzen *abnutzen*
versteln *verbergen*
verstôzen *einen Verstoß begehen, irren*
vert *voriges Jahr*
vertân *part. verflucht, böse*
vertragen *Geduld haben, sich gefallen lassen*
vertragen *(m. Dat. u. Gen.) einem etwas nachsehen*
vertriuwen *geloben;* vertriuwen *(m. Akk.)* ze *jem. etwas anvertrauen*
verwære *m. Maler*
verwærinne *f. Malerin*
verwâzen *part. verwünscht*
verwen *aufmalen*
verworten *zerreden*
veste *f. Festigkeit*
figieren *treffen*
vil nâch *beinahe*
vindære *m. Erfinder*
vingerlîn *n. Ringlein*
virwitze *f. Neugier*
fiuhte *f. Feuchtigkeit*
fiuren *(trans.) anfeuern, feurig machen*
vlîz : ze vlîze *sorgfältig*
vlîzen *refl. sich bemühen*
florîe *f. Blüte*
vlücke *flügge, (hoch) fliegend*
vol sîn *(m. Gen.) erfüllt sein von*
volge *f. Begleitung; Zustimmung*
vollen *sich füllen*
vor *(m. Dat.) mehr als*
vorbesihtic *vorausschauend*
vorhtlîhe *gehorsam*
vorwerken *streben*
fossiure *f. Höhle*
vrech *kühn*
vremede *f. Trennung; Fremdsein*
vremede *seltsam, wunderbar*
vrîen *frei machen*
vröudebære *erfreuend*
fröudehaft *fröhlich*
frum *tüchtig*
vrumen *schaffen, bewirken*
vruot *fröhlich*
vüegen *bewerkstelligen*
vüeren *mit sich führen, bringen*
vüllen, vulte *erfüllen*
vürnemen *(refl.) vorauseilen*
vürbaz *voran, weiterhin*
vunt, vünde *f. Erfindung*

funtânje *f. Quelle*
fuoge *f. Schicklichkeit, zuchtvolles Benehmen*
vuoren *nähren, erziehen*

gæhe *jäh*
gâhes : alles g. *vor lauter Ungestüm (Bech)*
galander *m. Lerche*
gân lâzen *(das Roß) springen lassen, anreiten*
garwânet *part. beargwöhnt*
garzûn *m. Knappe*
gast *m. Fremder*
geahten *erachten*
gebalsemet *balsamduftend*
gebâr *m. Benehmen*
gebeidet *nach zwei Seiten gerichtet, doppelt*
gebende *n. Kopfputz*
geberc *n. Versteck*
gebitelôs *ungeduldig*
gebluot *part. mit Blumen geschmückt*
gebot *n. Befehl*
gedanchaft *bedacht auf; gedankenvoll, in Gedanken versunken*
gedrîet *dreifach*
gevælen *fehlen*
gevære *(m. Gen.) beflissen*
geval *m. Gefallen*
gevar *aussehend, geartet*
gevarn *verfahren, handeln, gehen, sich entwickeln*
geverte *n. Weg, Reise*
gêvet = geêvet *nach der Eva geartet*
gevilde *n. bebautes Land*
gevolgen *zustimmen*
gevröun *freuen*
gevüege *geschickt, passend, möglich*
gevüegen, gevuocte *sich fügen*
gehaben *(refl.) sich erheben*
gehelfe *m. Helfer*
gehellen *(m. Dat.) stimmen, passen zu;* enein g. *übereinstimmen*
gehülfic *hilfreich*
gehürne *n. Hörnerblasen*
gelange *m. Sehnsucht*
gelangen : mich gelanget *mich verlangt*
gelegenheit *f. Art u. Weise des Liegens; daher:* verre g. *das weit auseinander Liegen*
geleite *n. Leitung, Führung*
gelîchen *gefallen*
geliebe *pl. die Liebenden*
gelieben *sw. pl. Liebende*
geliep *sich gegenseitig liebend*
gelîmet *dicht zusammengefügt*
gellen *gallig machen, vergällen*
gelten *vergelten, bezahlen, büßen*
gelüppet *vergiftet, gefälscht*
geluste *m. Begierde*
geman *mit einer Mähne versehen*
gemâzen *(refl.) sich mäßigen*
gemeiet *schön wie der Mai*
gemeinde *f. Gemeinschaft*
gemeine *vertraut*
gemêren *vermehren*
gemezzen *verteilen*
gemischet *mehrfarbig*
gemuot *gesinnt*
genâden *gnädig sein*
genenden *Mut fassen, sich erkühnen; den Sinn richten*
genôte *adv. angelegentlich, unablässig; dringlich, sehr*

gent *f. franz. Leute*
geprüeven *zurecht machen, darstellen*
ger *f. Begehren, Wunsch*
gerade *gleichartig*
gerade schar *f. Paar*
geræte *n. Ausrüstung*
gerâten *anfangen*
gereit *bereit*
gerihte *n. Rechtfertigung, (Gottes-)Urteil*
geringen *verringern, erleichtern*
gerinc *m. Bemühen*
gerüeren *berühren*
gerüste *n. Zurüstung, Vorrichtung*
gescheiden *absondern*
geschepfede *n. Geschäft, Tätigkeit*
geschulden *verdienen*
gesellecîch *freundschaftlich*
gesetzen *auf etwas richten*
gesiht *n. Anblicken*
geslâfe *m. Schlafgefährte*
gesmîde *n. Schmiedearbeit*
gespenstic *verführerisch, zauberisch*
gespenstikeit *f. Verführung*
gespil *m. f. Spielgefährte, Freundin*
gestân *sich niederlassen*
gesten *(refl.) sich fremd behandeln*
gestirnet *part. mit Sternen geschmückt*
gestüele *n. Gestühl, Bank, Sitz*
gesuochen *versuchen*
geswern, geswuor *beschwören*
geteloese *f. Zuchtlosigkeit, Liederlichkeit*
getragen *(refl.) sich zutragen; sich hinziehen*
gewerben *sich verhalten; betreiben*
gewerldet *mit der Gesellschaft verbunden*
gewissen *versichern*
gewizzen *erfahren*
gezemen, gezam *(mit. Gen. u. Dat.) einem gefällt etwas*
geziehen *sich beziehen auf, gehören zu*
gezierde *f. Zier, Schmuck*
geziuc *m. Zeuge*
geziuc *m. Ausrüstung*
gimme *f. Edelstein*
glasevezzelîn *n. Glasfläschchen*
glesîn *gläsern*
gleste *f. Glanz*
glesten *glänzen*
glôse *f. Glosse, Erklärung*
gôz *m. Guß, Bild*
grüene *f. grüne Farbe*
gruobe *f. Vertiefung*
güeten *gütig sein*
gülte *f. Zahlung, Zins*
guot *gut, edel, wohl gesinnt;*
guot *n. Gutes;* zu guote *„in Gutem“, in guter Gesinnung;* in guot *in guter Absicht*

habe *f. Hafen*
haben *halten; besitzen*
haft *m. Band, Griff*
haft *gefangen*
hage *f. Behagen*
hagen *m. Dorn*
halbe : von ... halben *von Seiten, durch*
hant : ze einen hant gân lâzen *gleichgültig sein lassen*
hâr : niht ein h. *nicht das Geringste*
harte *adv. sehr*

haz *m. Zorn*
heben *(refl.) anfangen*
heftelîn *n. kleiner Griff*
helfenbeinîn *aus Elfenbein*
heimuot, heimüete *f. Heimat*
heinlîch *verborgen*
heinlîche *f. Heimlichkeit, Vertraulichkeit, vertrauter Umgang*
heln *verhehlen*
her *n. Heer, Menge*
herbergen *wohnen, sich gesellen*
herhaft *zahlreich*
hern *verheeren*
hêrschaft *f. Herrlichkeit, vornehme Gesellschaft*
herte *f. harter Boden*
herze tragen *(m. Dat.) einem zugeneigt sein*
herzeger *f. Herzensverlangen*
herzeliep *n. Herzensfreude*
herzen *(refl.) sich in bezug auf das Herz ausstatten*
hinlegen *aufgeben, pass. vorbei sein*
hintrîben *verbringen*
hiufelîn *n. Wänglein*
hiure *heuer*
hôhgemuot *hochgestimmt; hochgesinnt, stolz*
hôhgezît, hôhzît *f. Fest*
hochsprünge *hochspringend*
hœne *Gefahr bringend*
hœren *gehören*
hovesite *m. Hofleben*
hol *n. Höhle*
honigen *Honig geben*
houbetlist *f. höchste Kunst*
houbetman *m. Hauptperson*
hüten *Hütten aufschlagen, sich lagern*
huote *f. die Bewachung, die Aufpasser*
huote genemen *Aufsicht einsetzen; beobachten lassen*

iemêr mê *immer weiter fort*
ietweder *jeder von beiden, beide*
ietwederhalben *beiderseits*
iht *irgend etwas*
în *hinein*
ingesinde *n. Gefolge, Dienerschaft*
ingrüene *ganz grün*
inpfen *pfropfen*
insigel *n. Siegel; Besiegelung*
în tuon *einschließen*
inwiderstrît *im Wettstreit*
inziht *f. Beschuldigung, Schuld*
irre gân *(m. Gen.) verfehlen*
istôrje *f. Geschichte*
itewîz *m. Vorwurf, Schande*
jehe *f. Behauptung, Meinung*
junc : ze jungeste *zuletzt*
justieren *im Tjost, im Einzelkampf, kämpfen*

kallen *(laut) singen*
kapfen *gaffen*
kebeslîche *unehelich*
kêren *sich wenden*
ketene *f. Kette, Zauberkette*
kiesen, kôs, kurn, *prüfen, prüfend wählen, sehen, wahrnehmen*
kint *n. Jüngling*
kintheit *f. jugendliches Alter, Wesen; Unerfahrenheit*
kît 3. sg. *praes. zu* queden *sprechen; heißen*
clagesam *beklagenswert*
kleben *haften, festsitzen*

kleine *f. Kleinheit; Spitze*
cleine *fein*
klingen *tönen, rauschen*
kol *m. Kohle*
komen : in ein k. *(m. Gen.) in einer Sache übereinkommen, sich vereinigen*
concîlje *n. Concilium, Ratsversammlung*
conterfeit *m. Nachahmung, Fälschung*
konterfeit *n. Gegensatz*
Corinêus „bei Galfrid von Monmouth Heros eponymos von Cornwall" Golther
covertiure *f. Decke*
craft *f.* : die craft *(adv. Akk.) in Fülle*
kriegen (enein) *miteinander im Wettstreit stehen*
cristalle *f. Kristall*
crumbe *f. Krümmung, Bogen, Umweg*
künde *f. Kenntnis;* ze k. geben *verkünden*
kür *f. Wahl, Auswahl*
kulter *m. gefütterte Decke*
kumberlîch *mühevoll*
kûme *schwach*
kunnen *verstehen*
cunst *f. Kunstschaffen*

lâgærin *f. Nachstellerin*
lâge *f. Hinterhalt*
lâgen *nachstellen*
lameir *1) Liebe 2) bitter 3) Meer*
lange ê *schon seit langer Zeit*
lantgeselle *m. Landsmann*
lantgesinde *n. Einwohnerschaft des Landes*
lantherren *Herren des Landes*
laster *n. Schande*
lebelîch *lebendig*
lebesite *m. Lebensweise*
legen : dar legen *veranstalten*
legen *festlegen*
leiden *verleiden*
leiden *(m. Akk.) betrüben*
leit *n. Schande, angetanes Leid*
leit *adj. leidvoll*
leiten *lenken, führen; tragen*
leitevrouwe *f. Führerin*
lenden, lante *landen*
die lenge *(adv. Akk.) auf die Dauer*
lêren : an l. *zu lehren beginnen*
leschen laschte *auslöschen, vertilgen*
lesen *erzählen; sammeln;* hin heim l. *einheimsen*
lîbunge *f. Ruhe*
lîch *f. Körper, Haut, Farbe, Aussehen*
liebe *f. Freude*
lieben *lieb, angenehm machen; behagen, gefallen*
liegen *lügen, täuschen*
liep *n. das Liebe; die Freude*
lîlachen *n. Leintuch*
linge *f. Gelingen, Glück, Erfolg*
lingen, lanc *gelingen*
lîpgeræte *n. Lebensunterhalt*
lîpnar *f. Nahrung*
lîprât *m. Lebensbedarf*
list *f. Kunst, List; Klugheit, Schlauheit, Unaufrichtigkeit*
lobelîch *preisenswert, ehrenvoll*
loberîs *n. Ehrenzweig*
lônbære *preisenswert*
lôrschapelekîn *n. Lorbeerkränzlein*
lôrzwî *n. Lorbeerzweig*

loschen *verborgen sein*
lôse *adv. auf liebliche Weise*
losen *hören, lauschen*
loufen *gehen;* ze disem zil l. *auf das gleiche hinauslaufen, entsprechen*
lougen *n. das Leugnen, die Vertauschung*
lougen nemen *sich verleugnen*
lôt *m.* : Karles l. *das Gesicht Kaiser Karls d. h. „mit äußerster Strenge"*
lützel *n. das Geringe, Kleine*
lussam *anmutig*
lustic *Wohlgefallen erregend, lieblich*
lustsam *Wohlgefallen erregend, lieblich*
lûten *erschallen*
lûter *rein*
lûthaft *Laut gebend, tönend*

mâc *m. Verwandter*
mære *f. Rede*
mære *berühmt*
maget *f. Jungfrau*
mâl : ze dem mâle *(adv.) damals*
mangerîe *f. Nahrung*
manicvalten *bunt zusammensetzen*
maniere *f. Art u. Weise*
marmel *m. Marmor*
massenîe *f. Gesellschaft, Gemeinschaft*
mâze *adv. wenig*
meine *f. Sinn, Absicht; Meinung, Bedeutung*
meinen *(m. Akk.) die Gedanken auf jem. richten, ihn lieben*
meistern *betätigen*
meistic *adv. meistens*
mêren *vermehren*
mergrieze *f. Perle*
merlîn *n. Amsel*
michel *groß*
missevar *entfärbt, entstellt, bleich*
missehagen *mißfallen*
misselinge *f. Mißgeschick, Unglück*
missemâlen *verschieden, bunt malen*
missewende *f. Makel, Schande*
müejen, muote *quälen*
müelîch *mühsam*
müezegen *müßig werden, sich beruhigen*
müezec *unbeschäftigt*
muot *m. hochgestimmter Sinn; Sinn, Absicht*
muot : hôher m. *Hochstimmung, hohe Gesinnung*
muotsam *anmutig*

nâch : vil n. *fast*
nâhe gân *Leid bringen*
namelôs *wesenlos*
nider tuon *sich nieder lassen, niedersinken*
nidere *niedrig;* n. gemuot *Gegensatz* von hôch g.
nideren *erniedrigen*
niender *nirgends*
niene *nirgends*
niftel *f. Nichte, Verwandte*
niht *n. Nichts*
nihtes *(adv. Gen.) in keiner Weise*
niwan *nur*
note *f. Note, Melodie*
nôte *sorgenvoll zu Mut*

obeligen *besiegen*
offenen *eröffnen*
organieren *musizieren*
ors *n. Pferd*
ôsterlîcher tac *Ostertag; höchste Freude*
ouge *f.* : under ougen *öffentlich*

pausieren *nachsinnen*
pârôt *f. Wechsel*
parrieren *mit dem Gegenteil verbinden; abstechend machen*
pfelle *m. Seidenstoff*
pflege *f. Beschäftigung*
pflege *f. Obhut*
pflegen *(m. Gen.) etwas betreiben; für etwas sorgen*
pînen *refl. sich abmühen*
pirsarmbrust *f. Armbrust zum Pirschen*
plânje *f. Ebene*
plîât *m. golddurchwirkter Seidenstoff*
prærîe *f. Wiese*
purper *m. kostbarer Seidenstoff*

quelen, qual *sich quälen*
quellen *schwellen*
quicken *lebendig machen, erregen*

ram *f. (Stick)rahmen*
rât *m. Plan, Anschlag*
rât *m. Vorrat, Vorbereitung, Zurüstung*
rât haben *(m. Gen.) sich von etwas befreien;* den r. geben *den vollen Bedarf; in vollem Maß gewähren;* rât ze muote *Hilfe zur Abwehr*

rede *f.* : der r. sîn *sich verhalten*
rederîche *beredt*
refloit *m. Refrain; Lied mit Refrain*
reht *n. alles was recht und geziemend ist, was zu einem gehört*
reine *klar*
reiten : sich ûz r. *sich ausrüsten*
rîch *prächtig, mächtig*
rihte *f. rechte Richtung, Richtigkeit*
rîlîche (= rîchlîche) *kostbar*
rîm *m. Vers*
rinc *m. Umkreis; Turnierring*
ritterschaft *f. ritterl. Kampf u. Leben; Ritterstand; Ritterheer*
riuwe *f. tiefes Leid*
riviere *f. Bach*
rôsen *Rosen tragen*
rôsîn *aus Rosen*
rûm *m. Räumung, Öffnung*
rûne *f. Geheimnis*
rûnen, rûnde *raunen, flüstern*
ruoch *m. Sorgfalt*
ruore *f.* : ze ruore lân *(die Hunde) zur Hatz loslassen*
ruowe *f. Ruhe*

sælde *f. Glück, Erfolg*
sælec, sæleclîch *beglückend*
sæleclîch *vollkommen*
sage *f. Darstellung*
sagebære *preisenswert*
salûieren *begrüßen*
samet *zusammen*
schâchen *nachstellen*
schadehaft tuon *(einen) schädigen*

schaffen, schuof *einrichten*
schaft *m. Speer*
schalten, *schieben, rudern*
schantoit *praet. vom franz.* chanter *singen*
schanzûn *n. Lied*
schapel *n. Kranz*
schapelekîn *n. Kränzlein*
schellen *schallen*
schepfen *fördern*
schermen *(m. Dat.) einen beschirmen*
schîn *m. Aussehen*
schîn tuon *offenbaren*
schînen *sich zeigen;* wol sch. *sich vertragen*
schouwe *f. Blick; das Zuschauen*
schuldegen *anschuldigen*
sene *f. Sehnsucht, Liebespein*
senedære *m. Verliebter, Liebender*
senede *part.* = senende, s. nôt *Liebesnot*
sene gluot *f. Liebesglut*
senerîch *sehnsuchtsvoll*
senfte *f. Behagen; Sänftigung*
senften *angenehm machen*
serpant *m. Drache*
sicherheit *f. Verpflichtung*
sîgen, seic *sinken, niedersinken*
sin *m. Fähigkeit,;* nâhe sehender *s. Kritik;* daz ist *s. das ist sinnvoll*
sinewel *ganz rund*
sinewelle *f. vollkommene Rundung*
sinnic *gedankenreich*
sît *conj. weil*
sît *adv. später*
siuren *sauer machen*
slahte *f. Art*
sleht *eben, gerade, glatt, einfach*
slehte *f. Glätte, ebene Beschaffenheit*
slich *m. gleitender Gang*
slôz *n. Schluß(stein)*
smæhe *verächtlich*
smalen *schmal machen, einschränken*
smecken *(übel?) schmecken*
smerzen *(m. Akk.) in Schmerzen verwandeln*
snîden, sneit : zesamene s. *zusammenfügen*
sorgehaft *bekümmert*
sorcsam *sorgenvoll*
soln : mir sol *ich brauche*
spæhe *f. Weisheit, Kunstfertigkeit*
spæhe *klug, schön, kunstvoll*
spanen, spuon *locken*
spel : ze spelle machen *ins Gerede bringen*
spellen *erzählen*
spiegellieht, *hell wie ein Spiegel*
spil *n. Unterhaltung, Ergötzung*
spiln *spielen, funkeln*
spiln *(m. Dat.) jem. unterhalten*
spinele *f. Spindel*
spot *m. Schande, Schmach*
spüren, spurte *wahrnehmen*
stæten *beständig machen*
starke *(adv.) sehr*
stat *m. Gestade, Ufer*
state *f. Gelegenheit*
stegen *begehen*
steinen *mit* steinen *(Edelsteinen) schmücken*
stellen *anstellen, vollbringen, bewerkstelligen*
stîc *m. Pfad*

stiure *f. Gabe*
stiuren *(refl.) sich stützen*
stoubîn *aus Staub bestehend*
strackes *(adv. Gen.) geradezu*
stræmelîn *n. Strahl*
strîchen : einem mite str. *ihn begleiten*
stricken *verknüpfen*
stric *m. Strick, Fesselung, Verstrickung*
strîten ûf *kämpfen gegen*
stündic *gereift*
stunde *f.* : zeiner st. *einmal*
süenærinne *f. Versöhnerin*
süeze *süß, angenehm, lieblich*
süezen *angenehm machen*
suht *f. Krankheit*
sumercraft *f. Fülle des Sommers*
sumerwîse *f. Sommerlied*
sunder *abgesondert*
sunderlîch *besonders*
sundern *(trans.) trennen*
suoche *f. Nachforschung*
suone *f. Versöhnung*
swach *gering, wertlos; niedrig, verachtet*
swachen *(einem) gleichgültig sein*
swachen *schänden*
swære *f. Beschwernis, Kummer, Leid*
swæren *schwer werden*
swæren *(m. Akk.) beschweren*
swanc *m. Wendung*
swar *wohin auch immer*
swâren *schmerzlich, lästig sein oder werden*
sweimen *schweben*
swern, swist *schwären, weh tun*

tagen *verhandeln, Vertrag schließen*
tagesterne *m. Morgenstern*
tac *m. Verhandlung*
tac : in dem tage *täglich*
tier *n. (wildes) Tier, Reh*
tihte *f. Dichtung*
tiutære *m. Deuter, Erklärer*
tiute *f. Deutung*
tœdic *tödlich*
tobeheit *f. Raserei*
tobelîch *rasend, leidenschaftlich*
tougenlîchen *heimlich*
tragebære *erträglich*
tragen *(refl.) sich wenden*
tragen *(refl.) sich beschäftigen*
tragen : enein tr. *einleiten; vereinbaren*
tragen : hinnen tr. *hinziehen*
trahte *f. Erwägung, Sorge, Nachsinnen, in Gedanken sein*
trat *f. Spur*
triegen *betrügen*
trüge *f. Betrug*
trügeheit *f. Betrug*
trügmære *m. Betrüger*
trügesite *m. Betrug*
trünne *f. Rudel*
trûtamîs *m. Geliebter*
tugen, tohte *nützen*
tugenden *tugendhaft sein*
tugenden *wertvoll machen*
tugent *f. Tauglichkeit, Fähigkeit, Kraft; Tüchtigkeit, Vorzüge*
tûren *dauern, leid tun*
turnei *n. Turnier*
twahen, getwagen *waschen*
twengen *einzwängen*

über : über lanc *nach längerer Zeit*
übergenôz *m. einer, der die anderen übertrifft*

übergülde *f. was alles andere übertrifft*
überkergen *überlisten*
überleste *f. übergroße Last*
überlesten *übermäßig beladen*
übersigen *überwältigen*
überstrîten *überwältigen*
üeben *pflegen, tun, in ständigem Gebrauch haben*
ûf *m. Dat. während, bei*
ûf legen *ausdenken, ersinnen*
ûfreht *senkrecht hoch*
umbehanc *m. Vorhang, Teppich; verlorenes Werk des Blikker.*
umberede *Umschweif*
umbereit *nicht gerüstet*
unbetrogen *aufrichtig*
under *zwischen*
under in *miteinander*
undervlehten *durchflechten*
undersehen *(refl.) sich treffen*
undersnîden *bunt zusammensetzen*
understrîchen *färben*
underwerren *(refl.) sich untereinander mischen*
underwinden *(refl.) m. Gen. sich einer Sache annehmen*
unendeclîchen *unentschieden*
unfrühtec *übele Frucht tragend*
unvruht *f. böse Frucht*
unvuoge *f. Zuchtlosigkeit; Ungereimtheit*
ungeverte *n. Unbequemlichkeit der Fahrt; Unwegsamkeit*
ungehabe *f. Trauergebärde, Klage*
ungenâde *f. Unglück;* nach u. *1821 „im Verhältnis zu seinem Unglück"*
ungenæme *unangenehm, verhaßt*
ungescheiden *ungetrennt, vereinigt*
ungeschiht *f. Mißgeschick; Untat*
ungewin *m. Nachteil*
unguot *n. Übel, Böses*
unlûtes *(adv.) ohne Laut zu geben*
unmære *gleichgültig*
unmæren *unwert halten*
unmæren *(intr.) wertlos werden; unwert, unlieb, zuwider werden*
unmüezec *beschäftigt; rasch*
unmüezekeit *f. Beschäftigung*
unmüezeclîche *adv. schnell*
unmuoze *f. Beschäftigung*
unrâtbære *ratlos*
unrekant *unbekannt*
unruoch *m. Bedeutungslosigkeit; Gleichgültigkeit*
unruochlîch *unbekümmert*
unsinnic *von Sinnen*
untât *f. Missetat, Unrecht*
unwârheit *f. Lüge, Betrug*
unwendic *unabwendbar*
unwert *m. Geringschätzung*
urkünde *f. Zeugnis*
urliuge *n. Krieg*
ursprinc *m. Wurzel; Quelle*
urtât *f. Ausführung, Vollzug (der Tat)*
ûz stôzen *landen*

wâ unde wâ *überall*
wænen *glauben*
wætlîch *stattlich*
walten, wielt, *besitzen, gebrauchen*
wan *außer*

wandelieren *variieren*
wandeln *tauschen, wechseln*
wandelunge *f. Abwechslung*
war *wohin*
wârbæren *als Wahrheit erweisen*
warlôsekeit *f. Unachtsamkeit*
warnen *(refl.) sich vorbereiten*
warte *f. Anstand*
warten *auf etwas warten, zuschauen*
wase *m. Rasen*
wât *f. Kleidung*
weder *ob*
weder — alde *ob — oder ob*
wegelôs *ohne Weg*
wegen, wac *sich bewegen*
wegen *abwägen, beurteilen, einschätzen*
wehsel *m. Verkehr*
weide *f. Labung*
weise *m. die Waise*
weiselîn *n. die kleine Waise*
wenden, wante *(einen einer Sache) ihn an etwas verhindern*
wer *f. :* an sîner wer *auf der Hut*
werben *sich verhalten*
werdekeit *f. Ansehen*
werken *ins Werk setzen, anbauen*
werlt *f. höfische Gesellschaft, Welt*
wernde *beständig*
werren : mir wirret *mich bedrückt*
wert *m. Bedeutung, Wichtigkeit*
wesen : wol wesen *(m. Gen.) erfreut sein über*
widerglesten *zurückstrahlen*
widerpflegen *entgegenwirken, zerstören*
widertrîben *widerlegen*
widerwerfen *(refl.) sich umwenden*
wieren *(mit eingelegter Arbeit) schmücken*
wilde *f. Wildnis*
wilde *wunderbar, verzaubert; fremdartig seltsam*
wildenære *m. Jäger*
wildenære *m. „Verwilderer"*
wîle *f.* : die wîle *so lange als);* die wîle und *während*
wîlen ê *einst*
willekür *f. freiwilliger Entschluß;* mîner w. *adv. Gen. nach meinem freien Entschluß*
willic *bereit*
wintschaffen *wetterwendisch*
wîpheit *f. das Weibtum, weibliche Eigenart*
wirden *zu Ehren bringen*
wirs *schlimmer*
wîs *f. :* manege wîs *(adv. Akk.) auf vielerlei Art*
wîse *f. Melodie; Klang*
wîsen *belehren, lenken*
wîsheit *f. Einsicht, Kunst*
wîtweide *weit umher weidend*
witze *f. Einsicht, kluger Einfall*
wortwîse *m. Wortkünstler*
wüesten *ausrotten*
würken, worhte *bewirken*
wunder *n. das Seltsame*
wunder nemen *(m. Akk.) sich wundern*
wunnenspil *f. Freudenspiel*
wunsch *m. die ideale Fülle;* ze w. *nach Wunsch, in idealer Weise*
wuocher *m. Frucht*

wuocherhaft *fruchtbringend*
wurzen *Wurzel schlagen*

zarten *zart sein*
zalen *erzählen*
zebern *zertreten*
cederîn *aus Zedernholz*
zeleiten *auseinander führen, verteilen*
zeln, gezalt *zurechnen*
zemen *passen*
zendâl *m. Seidenstoff*
zesnîden *aufschlitzen, ausschneiden*
zetrîben *breit treten*
zierheit *f. Zierde*
zil *n. Ende*
zinshaft *dienstbar*
zîse *f. Zeisig*
zît *f.* : kurze z. *Kurzweil;* der zît *(adv.) jetzt*
zîtec *reif*
zogen *(refl.) den Weg nehmen*
zunge *f. Sprache, Dichtkunst*
zweien *(refl.) sich trennen*
zwî *n. Zweig;* daz gelîmde z. *Leimrute*
zwîvel *m. Ungewißheit; Mißtrauen*
zwîveln *(trans.) in Verdacht haben*
zwirnt *zweimal*

Die Gedichte Walthers von der Vogelweide

12., unveränderte Ausgabe mit Bezeichnung der Abweichungen von KARL LACHMANN und mit seinen Anmerkungen herausgegeben von CARL VON KRAUS †. Mit einem Bild des Herausgebers und einem Vorwort von HUGO KUHN. Groß-Oktav. XXXII, 243 Seiten. 1962. Ganzleinen DM 9,—

Walther von der Vogelweide

Untersuchungen. Von CARL VON KRAUS †. Oktav. XV, 500 Seiten. 1935. Ganzleinen DM 28,50

Meister Eckharts Buch der göttlichen Tröstung und von dem edlen Menschen

(Liber ‚Benedictus') unter Benutzung bisher unbekannter Handschriften. Neu herausgegeben von JOSEF QUINT. 3. Auflage. XX, 142 Seiten. 1952. DM 9,80 (Kleine Texte für Vorlesungen und Übungen 55)

Ausgewählte Predigten Johann Taulers

Herausgegeben von LEOPOLD NAUMANN. Unveränderter Neudruck. 62 Seiten. 1933. DM 3,— (Kleine Texte für Vorlesungen und Übungen 127)

Mittelhochdeutsche Novellen

I: Die Heidin (IV. Redaktion). Herausgegeben von LUDWIG PFANNMÜLLER. 51 Seiten. 1912. DM 2,25 (Kleine Texte für Vorlesungen und Übungen 92)

Deutsche Literatur des Mittelalters

Verfasserlexikon. Unter Mitarbeit zahlreicher Fachgenossen herausgegeben von WOLFGANG STAMMLER, jetzt KARL LANGOSCH. 5 Bände. Groß-Oktav. 1933/1955. Ganzleinen DM 319,50

Beiträge zur Handschriftenkritik des Nibelungenliedes

Von HELMUT BRACKERT. Groß-Oktav. VI, 190 Seiten. 1963. Ganzleinen DM 28,— (Quellen und Forschungen zur Sprach- und Kulturgeschichte der germanischen Völker. N. F. Bd. 11 [135])

SAMMLUNG GÖSCHEN

GESAMTVERZEICHNIS

Jeder Band DM 3,60 · Doppelband DM 5,80

Herbst 1964

WALTER DE GRUYTER & CO., BERLIN 30

Inhaltsübersicht

Geisteswissenschaften

Philosophie

Einführung in die Philosophie von *H. Leisegang †*. 5. Auflage. 146 Seiten. 1963. (281)

Hauptprobleme der Philosophie von *G. Simmel †*. 8., unveränderte Auflage. 177 Seiten. 1964. (500)

Geschichte der Philosophie

I: Die griechische Philosophie von *W. Capelle*. 1. Teil. Von Thales bis Leukippos. 2., erweiterte Auflage. 135 Seiten. 1953. (857)

II: Die griechische Philosophie von *W. Capelle*. 2. Teil. Von der Sophistik bis zum Tode Platons. 2., stark erweiterte Auflage. 144 Seiten. 1953. (858)

III: Die griechische Philosophie von *W. Capelle*. 3. Teil. Vom Tode Platons bis zur Alten Stoa. 2., stark erweiterte Auflage. 132 Seiten. 1954. (859)

IV: Die griechische Philosophie von *W. Capelle*. 4. Teil. Von der Alten Stoa bis zum Eklektizismus im 1. Jh. v. Chr. 2., stark erweiterte Auflage. 132 Seiten. 1954. (863)

V: Die Philosophie des Mittelalters von *J. Koch*. In Vorbereitung. (826)

VI: Von der Renaissance bis Kant von *K. Schilling*. 234 Seiten. 1954. (394/394a)

VII: Immanuel Kant von *G. Lehmann*. In Vorbereitung. (536)

VIII: Die Philosophie des 19. Jahrhunderts von *G. Lehmann*. 1. Teil. 151 Seiten. 1953. (571)

IX: Die Philosophie des 19. Jahrhunderts von *G. Lehmann*. 2. Teil. 168 Seiten. 1953. (709)

X: Die Philosophie im ersten Drittel des 20. Jahrhunderts 1. Teil von *G. Lehmann*. 128 Seiten. 1957. (845)

XI: Die Philosophie im ersten Drittel des 20. Jahrhunderts 2. Teil von *G. Lehmann*. 114 Seiten. 1960. (850)

Die geistige Situation der Zeit (1931) von *K. Jaspers*. 6., unveränderter Abdruck der im Sommer 1932 bearbeiteten 5. Auflage. 211 Seiten. 1964. (1000)

Erkenntnistheorie von *G. Kropp*.
1. Teil: Allgemeine Grundlegung. 143 Seiten. 1950. (807)

Formale Logik von *P. Lorenzen*. 2., verbesserte Auflage. 165 Seiten. 1962. (1176/1176a)

Philosophisches Wörterbuch von *M. Apel †*. 5., völlig neubearbeitete Auflage von *P. Ludz*. 315 Seiten. 1958. (1031/1031a)

Philosophische Anthropologie. Menschliche Selbstdeutung in Geschichte und Gegenwart von *M. Landmann*. 2., durchgesehene Auflage. 223 Seiten. 1964. (156/156a)

Pädagogik, Psychologie, Soziologie

Geschichte der Pädagogik von *Herm. Weimer*. 16. Auflage von *Heinz Weimer*. 184 Seiten. 1964. (145)
Therapeutische Psychologie. Ihr Weg durch die Psychoanalyse von *W. M. Kranefeldt*. Mit einer Einführung von *C. G. Jung*. 3. Auflage. 152 Seiten. 1956. (1034)
Allgemeine Psychologie von *Th. Erismann †*. 4 Bände. 2., neubearbeitete Auflage.
I: Grundprobleme. 146 Seiten. 1958. (831)
II: Grundarten des psychischen Geschehens. 248 Seiten. 1959. (832/832 a)
III: Experimentelle Psychologie und ihre Grundlagen. 1. Teil. 112 Seiten, 7 Abbildungen. 1962. (833)
IV: Experimentelle Psychologie und ihre Grundlagen. 2. Teil. 199 Seiten, 20 Abbildungen. 1962. (834/834 a)
Soziologie. Geschichte und Hauptprobleme von *L. von Wiese*. 7. Auflage. 175 Seiten. 1964. (101)
Ideengeschichte der sozialen Bewegung des 19. und 20. Jh. von *W. Hofmann*. 243 Seiten. 1962. (1205/1205 a)
Sozialpsychologie von *P. R. Hofstätter*. 2. Auflage. 186 Seiten, 18 Abbildungen. 1964. (104/104 a)
Psychologie des Berufs- und Wirtschaftslebens von *W. Moede †*. 190 Seiten, 48 Abbildungen. 1958. (851/851 a)
Industrie- und Betriebssoziologie von *R. Dahrendorf*. 3. Auflage. 142 Seiten, 3 Figuren. 1964. (103)
Wirtschaftssoziologie von *F. Fürstenberg*. 122 Seiten. 1961. (1193)
Einführung in die Sozialethik von *H.-D. Wendland*. 144 Seiten. 1963. (1203)

Religion

Jesus von *M. Dibelius †*. 3. Auflage, mit einem Nachtrag von *W. G. Kümmel*. 140 Seiten. 1960. (1130)
Paulus von *M. Dibelius †*. Nach dem Tode des Verfassers herausgegeben und zu Ende geführt von *W. G. Kümmel*. 3., durchgesehene Auflage. 156 Seiten. 1964. (1160)
Luther von *F. Lau*. 151 Seiten. 1959. (1187)
Melanchthon von *R. Stupperich*. 139 Seiten. 1960. (1190)
Zwingli von *F. Schmidt-Clausing*. 1965. Im Druck (1219)
Einführung in die Konfessionskunde der orthodoxen Kirchen von *K. Onasch*. 291 Seiten. 1962. (1197/1197 a)
Geschichte des christlichen Gottesdienstes von *W. Nagel*. 215 Seiten. 1962. (1202/1202 a)
Geschichte Israels. Von den Anfängen bis zur Zerstörung des Tempels (70 n. Chr.) von *E. L. Ehrlich*. 158 Seiten, 1 Tafel. 1958. (231/231 a)
Römische Religionsgeschichte von *F. Altheim*. 2 Bände. 2., umgearbeitete Auflage.
I: Grundlagen und Grundbegriffe. 116 Seiten. 1956. (1035)
II: Der geschichtliche Ablauf. 164 Seiten. 1956. (1052)

Die Religion des Buddhismus von *D. Schlingloff*. 2 Bände.
I: Der Heilsweg des Mönchtums. 122 Seiten, 11 Abbildungen, 1 Karte. 1962. (174)
II: Der Heilsweg für die Welt. 129 Seiten, 9 Abbildungen, 1 Karte. 1963. (770)

Musik

Musikästhetik von *H. J. Moser*. 180 Seiten. Mit zahlreichen Notenbeispielen. 1953. (344)
Systematische Modulation von *R. Hernried*. 2. Auflage. 136 Seiten. Mit zahlreichen Notenbeispielen. 1950. (1094)
Der polyphone Satz von *E. Pepping*. 2 Bände.
I: Der cantus-firmus-Satz. 2. Auflage. 223 Seiten. Mit zahlreichen Notenbeispielen. 1950. (1148)
II: Übungen im doppelten Kontrapunkt und im Kanon. 137 Seiten. Mit zahlreichen Notenbeispielen. 1957. (1164/1164a)
Allgemeine Musiklehre von *H. J. Moser*. 2., durchgesehene Auflage. 155 Seiten. Mit zahlreichen Notenbeispielen. 1955. (220/220a)
Harmonielehre von *H. J. Moser*. 2 Bände.
I: 109 Seiten. Mit 120 Notenbeispielen. 1954. (809)
II: In Vorbereitung. (810)
Die Musik des 19. Jahrhunderts von *W. Oehlmann*. 180 Seiten. 1953. (170)
Die Musik des 20. Jahrhunderts von *W. Oehlmann*. 312 Seiten. 1961. (171/171a)
Technik der deutschen Gesangskunst von *H. J. Moser*. 3., durchgesehene und verbesserte Auflage. 144 Seiten, 5 Figuren sowie Tabellen und Notenbeispiele. 1954. (576/576a)
Die Kunst des Dirigierens von *H. W. von Waltershausen †*. 2., vermehrte Auflage. 138 Seiten. Mit 19 Notenbeispielen. 1954. (1147)
Die Technik des Klavierspiels aus dem Geiste des musikalischen Kunstwerkes von *K. Schubert †*. 3. Auflage. 110 Seiten. Mit Notenbeispielen. 1954. (1045)

Kunst

Stilkunde von *H. Weigert*. 2 Bände. 3., durchgesehene und ergänzte Auflage.
I: Vorzeit, Antike, Mittelalter. 136 Seiten, 94 Abbildungen. 1958. (80)
II: Spätmittelalter und Neuzeit. 150 Seiten, 88 Abbildungen. 1958. (781)
Archäologie von *A. Rumpf*. 3 Bände.
I: Einleitung, historischer Überblick. 143 Seiten, 6 Abbildungen, 12 Tafeln. 1953. (538)
II: Die Archäologensprache. Die antiken Reproduktionen. 136 Seiten, 7 Abbildungen, 12 Tafeln. 1956. (539)
III: In Vorbereitung. (540)

Geschichte

Einführung in die Geschichtswissenschaft von *P. Kirn*. 4., durchgesehene Auflage. 127 Seiten. 1963. (270)

GEISTESWISSENSCHAFTEN

Einführung in die Zeitgeschichte von *B. Scheurig*. 101 Seiten. 1962. (1204)

Zeitrechnung der römischen Kaiserzeit, des Mittelalters und der Neuzeit für die Jahre 1—2000 n. Chr. von *H. Lietzmann* †. 3. Auflage, durchgesehen von *K. Aland*. 130 Seiten. 1956. (1085)

Kultur der Urzeit von *F. Behn*. 3 Bände. 4. Auflage der Kultur der Urzeit Bd. 1—3 von *M. Hoernes*.

I: Die vormetallischen Kulturen. (Die Steinzeiten Europas. Gleichartige Kulturen in anderen Erdteilen.) 172 Seiten, 48 Abbildungen. 1950. (564)

II: Die älteren Metallkulturen. (Der Beginn der Metallbenutzung, Kupfer- und Bronzezeit in Europa, im Orient und in Amerika.) 160 Seiten, 67 Abbildungen. 1950. (565)

III: Die jüngeren Metallkulturen. (Das Eisen als Kulturmetall, Hallstatt-Latène-Kultur in Europa. Das erste Auftreten des Eisens in den anderen Weltteilen.) 149 Seiten, 60 Abbildungen. 1950. (566)

Vorgeschichte Europas von *F. Behn*. Völlig neue Bearbeitung der 7. Auflage der „Urgeschichte der Menschheit" von *M. Hoernes*. 125 Seiten, 47 Abbildungen. 1949. (42)

Der Eintritt der Germanen in die Geschichte von *J. Haller* †. 3. Auflage, durchgesehen von *H. Dannenbauer*. 120 Seiten, 6 Kartenskizzen. 1957. (1117)

Von den Karolingern zu den Staufern. Die altdeutsche Kaiserzeit (900—1250) von *J. Haller* †. 4., durchgesehene Auflage von *H. Dannenbauer*. 142 Seiten, 4 Karten. 1958. (1065)

Von den Staufern zu den Habsburgern. Auflösung des Reichs und Emporkommen der Landesstaaten (1250—1519) von *J. Haller* †. 2., durchgesehene Auflage von *H. Dannenbauer*. 118 Seiten, 6 Kartenskizzen. 1960. (1077)

Deutsche Geschichte im Zeitalter der Reformation, der Gegenreformation und des dreißigjährigen Krieges von *F. Hartung*. 2., durchgesehene Auflage. 128 Seiten. 1963. (1105)

Deutsche Geschichte von 1648—1740. Politischer und geistiger Wiederaufbau von *W. Treue*. 120 Seiten. 1956. (35)

Deutsche Geschichte von 1713—1806. Von der Schaffung des europäischen Gleichgewichts bis zu Napoleons Herrschaft von *W. Treue*. 168 Seiten. 1957. (39)

Deutsche Geschichte von 1806—1890. Vom Ende des alten bis zur Höhe des neuen Reiches von *W. Treue*. 128 Seiten. 1961. (893)

Deutsche Geschichte von 1890 bis zur Gegenwart von *W. Treue*. In Vorbereitung. (894)

Quellenkunde der Deutschen Geschichte im Mittelalter (bis zur Mitte des 15. Jahrhunderts) von *K. Jacob* †. 3 Bände.

I: Einleitung. Allgemeiner Teil. Die Zeit der Karolinger. 6. Auflage, bearbeitet von *H. Hohenleutner*. 127 Seiten. 1959. (279)

II: Die Kaiserzeit (911—1250). 5. Auflage, neubearbeitet von *H. Hohenleutner*. 141 Seiten. 1961. (280)

III: Das Spätmittelalter (vom Interregnum bis 1500). Herausgegeben von *F. Weden*. 152 Seiten. 1952. (284)

Geschichte Englands von *H. Preller*. 2 Bände.
I: bis 1815. 3., stark umgearbeitete Auflage. 135 Seiten, 7 Stammtafeln, 2 Karten. 1952. (375)
II: Von 1815 bis 1910. 2., völlig umgearbeitete Auflage. 118 Seiten, 1 Stammtafel, 7 Karten. 1954. (1088)
Römische Geschichte von *F. Altheim*. 4 Bände. 2., verbesserte Auflage.
I: Bis zur Schlacht bei Pydna (168 v.Chr.). 124 Seiten. 1956. (19)
II: Bis zur Schlacht bei Actium (31 v.Chr.). 129 Seiten. 1956. (677)
III: Bis zur Schlacht an der Milvischen Brücke (312 n.Chr.). 148 Seiten. 1958. (679)
IV: Bis zur Schlacht am Yarmuk (636 n.Chr.). In Vorbereitung. (684)
Geschichte der Vereinigten Staaten von Amerika von *O. Graf zu Stolberg-Wernigerode*. 192 Seiten, 10 Karten. 1956. (1051/1051a)

Deutsche Sprache und Literatur

Geschichte der Deutschen Sprache von *H. Sperber*. 4. Auflage, besorgt von *W. Fleischhauer*. 128 Seiten. 1963. (915)
Deutsches Rechtschreibungswörterbuch von *M. Gottschald †*. 2., verbesserte Auflage. 219 Seiten. 1953. (200/200a)
Deutsche Wortkunde. Kulturgeschichte des deutschen Wortschatzes von *A. Schirmer*. 4. Auflage von *W. Mitzka*. 123 Seiten. 1960. (929)
Deutsche Sprachlehre von *W. Hofstaetter*. 10. Auflage. Völlige Umarbeitung der 8. Auflage. 150 Seiten. 1960. (20)
Stimmkunde für Beruf, Kunst und Heilzwecke von *H. Biehle*. 111 Seiten. 1955. (60)
Redetechnik. Einführung in die Rhetorik von *H. Biehle*. 2., erweiterte Auflage. 151 Seiten. 1961. (61)
Sprechen und Sprachpflege (Die Kunst des Sprechens) von *H. Feist*. 2., verbesserte Auflage. 99 Seiten, 25 Abbildungen. 1952. (1122)
Deutsches Dichten und Denken von der germanischen bis zur staufischen Zeit von *H. Naumann †*. (Deutsche Literaturgeschichte vom 5.—13. Jahrhundert.) 2., verbesserte Auflage. 166 Seiten. 1952. (1121)
Deutsches Dichten und Denken vom Mittelalter zur Neuzeit von *G. Müller* (1270 bis 1700). 3., durchgesehene Auflage. 159 Seiten. In Vorbereitung. (1086)
Deutsches Dichten und Denken von der Aufklärung bis zum Realismus (Deutsche Literaturgeschichte von 1700—1890) von *K. Viëtor †*. 3., durchgesehene Auflage. 159 Seiten. 1958. (1096)
Deutsche Heldensage von *H. Schneider*. 2. Auflage, bearbeitet von *R. Wisniewski*. 148 Seiten. 1964. (32)
Der Nibelunge Nôt in Auswahl mit kurzem Wörterbuch von *K. Langosch*. 10., durchgesehene Auflage. 164 Seiten. 1956. (1)
Kudrun und Dietrich-Epen in Auswahl mit Wörterbuch von *O. L. Jiriczek*. 6. Auflage, bearbeitet von *R. Wisniewski*. 173 Seiten. 1957. (10)
Wolfram von Eschenbach. Parzival. Eine Auswahl mit Anmerkungen und Wörterbuch von *H. Jantzen*. 2. Auflage, bearbeitet von *H. Kolb*. 128 Seiten. 1957. (921)

Hartmann von Aue. Der arme Heinrich nebst einer Auswahl aus der „Klage", dem „Gregorius" und den Liedern (mit einem Wörterverzeichnis) herausgegeben von *F. Maurer.* 96 Seiten. 1958. (18)
Gottfried von Strassburg in Auswahl herausgegeben von *F. Maurer.* 142 Seiten. 1959. (22)
Die deutschen Personennamen von *M. Gottschald †.* 2., verbesserte Auflage. 151 Seiten. 1955. (422)
Althochdeutsches Elementarbuch. Grammatik und Texte von *H. Naumann †* und *W. Betz.* 3., verbesserte und vermehrte Auflage. 183 Seiten. 1962. (1111/1111a)
Mittelhochdeutsche Grammatik von *H. de Boor* und *R. Wisniewski.* 4., verbesserte und ergänzte Auflage. 150 Seiten. 1964. (1108)

Indogermanisch, Germanisch

Indogermanische Sprachwissenschaft von *H. Krahe.* 2 Bände. 4., überarbeitete Auflage.
I: Einleitung und Lautlehre. 110 Seiten. 1962. (59)
II: Formenlehre. 100 Seiten. 1963. (64)
Gotisches Elementarbuch. Grammatik, Texte mit Übersetzung und Erläuterungen von *H. Hempel.* 3., umgearbeitete Auflage. 166 Seiten. 1962. (79/79a)
Germanische Sprachwissenschaft von *H. Krahe.* 2 Bände.
I: Einleitung und Lautlehre. 5., überarbeitete Auflage. 149 Seiten. 1963. (238)
II: Formenlehre. 5., verbesserte Auflage. 149 Seiten. 1964. (780)
Altnordisches Elementarbuch. Schrift, Sprache, Texte mit Übersetzung und Wörterbuch von *F. Ranke.* 2., durchgesehene Auflage. 146 Seiten. 1949. (1115)

Englisch, Romanisch

Altenglisches Elementarbuch. Einführung, Grammatik, Texte mit Übersetzung und Wörterbuch von *M. Lehnert.* 5., verbesserte Auflage. 178 Seiten. 1962. (1125)
Historische neuenglische Laut- und Formenlehre von *E. Ekwall.* 3., durchgesehene Auflage. 150 Seiten. 1956. (735)
Englische Phonetik von *H. Mutschmann †.* 2. Auflage, bearbeitet von *G. Scherer.* 127 Seiten. 1963. (601)
Englische Literaturgeschichte von *F. Schubel.* 4 Bände.
I: Die alt- und mittelenglische Periode. 163 Seiten. 1954. (1114)
II: Von der Renaissance bis zur Aufklärung. 160 Seiten. 1956. (1116)
III: Romantik und Viktorianismus. 160 Seiten. 1960. (1124)
Beowulf von *M. Lehnert.* Eine Auswahl mit Einführung, teilweiser Übersetzung, Anmerkungen und etymologischem Wörterbuch. 3., verbesserte Auflage. 135 Seiten. 1959. (1135)
Shakespeare von *P. Meißner †.* 2. Auflage, neubearbeitet von *M. Lehnert.* 136 Seiten. 1954. (1142)

Romanische Sprachwissenschaft von *H. Lausberg.* 4 Bände.
I: Einleitung und Vokalismus. 2., durchgesehene Auflage. 211 Seiten. 1963. (128/128a)
II: Konsonantismus. 95 Seiten. 1956. (250)
III: Formenlehre. 1. Teil. 99 Seiten. 1962. (1199)
III: Formenlehre. 2. Teil. S. 99—260. 1962. (1200/1200a)
IV: Wortlehre. In Vorbereitung. (1208)

Griechisch, Lateinisch

Griechische Sprachwissenschaft von *W. Brandenstein.* 3 Bände.
I: Einleitung, Lautsystem, Etymologie. 160 Seiten. 1954. (117)
II: Wortbildung und Formenlehre. 192 Seiten. 1959. (118/118a)
III: Syntax. In Vorbereitung. (924)

Geschichte der griechischen Sprache. 2 Bände.
I: Bis zum Ausgang der klassischen Zeit von *O. Hoffmann †.* 3. Auflage, bearbeitet von *A. Debrunner †.* 156 Seiten. 1953. (111)
II: Grundfragen und Grundzüge des nachklassischen Griechisch von *A. Debrunner †.* 144 Seiten. 1954. (114)

Geschichte der griechischen Literatur von *W. Nestle.* 2 Bände. 3. Auflage, bearbeitet von *W. Liebich.*
I: 144 Seiten. 1961. (70)
II: 149 Seiten. 1963. (557)

Grammatik der neugriechischen Volkssprache von *J. Kalitsunakis.* 3., wesentlich erweiterte und verbesserte Auflage. 196 Seiten. 1963. (756/756a)

Neugriechisch-deutsches Gesprächsbuch von *J. Kalitsunakis.* 2. Auflage, bearbeitet von *A. Steinmetz.* 99 Seiten. 1960. (587)

Geschichte der lateinischen Sprache von *F. Stolz.* 4. Auflage von *A. Debrunner †.* In Vorbereitung. (492)

Geschichte der römischen Literatur von *L. Bieler.* 2 Bände.
I: Die Literatur der Republik. 160 Seiten. 1961. (52)
II: Die Literatur der Kaiserzeit. 133 Seiten. 1961. (866)

Hebräisch, Sanskrit, Russisch

Hebräische Grammatik von *G. Beer †.* 2 Bände. Völlig neubearbeitet von *R. Meyer.*
I: Schrift-, Laut- und Formenlehre I. 3. Auflage. Etwa 224 Seiten. In Vorbereitung. (763/763a)
II: Formenlehre II. Syntax und Flexionstabellen. 2. Auflage. 195 Seiten. 1955. (764/764a)

Hebräisches Textbuch zu *G. Beer-R. Meyer,* Hebräische Grammatik von *R. Meyer.* 170 Seiten. 1960. (769/769a)

Sanskrit-Grammatik von *M. Mayrhofer.* 89 Seiten. 1953. (1158)

Russische Grammatik von *E. Berneker †.* 6., verbesserte Auflage von *M. Vasmer †.* 155 Seiten. 1961. (66)

Slavische Sprachwissenschaft von *H. Bräuer.* 2 Bände.
I: Einleitung, Lautlehre. 221 Seiten. 1961. (1191/1191a)

Erd- und Länderkunde, Kartographie

Afrika von *F. Jaeger*. Ein geographischer Überblick. 2 Bände. 3. Auflage.
I: Der Lebensraum. 179 Seiten, 18 Abbildungen. In Vorbereitung. (910)
II: Mensch und Kultur. 155 Seiten, 6 Abbildungen. In Vorbereitung. (911)

Australien und Ozeanien von *H. J. Krug*. 176 Seiten, 46 Skizzen. 1953. (319)

Kartographie von *V. Heissler*. 213 Seiten, 125 Abb., 8 Anlagen. 1962. (30/30a)

Volkswirtschaft, Statistik, Publizistik

Allgemeine Betriebswirtschaftslehre von *K. Mellerowicz*. 4 Bände. 11., durchgesehene Auflage.
I: 224 Seiten. 1961. (1008/1008a)
II: 188 Seiten. 1962. (1153/1153a)
III: 260 Seiten. 1963. (1154/1154a)
IV: 209 Seiten. 1963. (1186/1186a)

Buchhaltung und Bilanz von *E. Kosiol*. 170 Seiten. 1964. (1213/1213a)

Geschichte der Volkswirtschaftslehre von *S. Wendt*. 182 Seiten. 1961. (1194)

Allgemeine Volkswirtschaftslehre von *A. Paulsen*. 4 Bände.
I: Grundlegung, Wirtschaftskreislauf. 5., neubearbeitete Auflage. 154 Seiten. 1964. (1169)
II: Haushalte, Unternehmungen, Marktformen. 5., neubearbeitete Auflage. 172 Seiten, 31 Abbildungen. 1964. (1170)
III: Produktionsfaktoren. 3., neubearbeitete und ergänzte Auflage. 198 Seiten. 1963. (1171)
IV: Gesamtbeschäftigung, Konjunkturen, Wachstum. 3. Auflage. 174 Seiten. 1964. (1172)

Allgemeine Volkswirtschaftspolitik von *H. Ohm*. 2 Bände.
I: Systematisch-Theoretische Grundlegung. 137 Seiten, 6 Abbildungen. 1962. (1195)
II: Der volkswirtschaftliche Gesamtorganismus als Objekt der Wirtschaftspolitik. In Vorbereitung. (1196)

Finanzwissenschaft von *H. Kolms*. 4 Bände.
I: Grundlegung, Öffentliche Ausgaben. 2., verbesserte Auflage. 162 Seiten. 1963. (148)
II: Erwerbseinkünfte, Gebühren und Beiträge, Allgemeine Steuerlehre. 2., verbesserte Auflage. 150 Seiten. 1964. (391)
III: Besondere Steuerlehre. 178 Seiten. 1962. (776)
IV: Öffentlicher Kredit. Haushaltswesen. Finanzausgleich. 1964. Im Druck. (782)

Finanzmathematik von *M. Nicolas.* 192 Seiten, 11 Tafeln, 8 Tabellen und 72 Beispiele. 1959. (1183/1183a)

Industrie- und Betriebssoziologie von *R. Dahrendorf.* 3. Auflage. 142 Seiten, 3 Figuren. 1965. (103)

Wirtschaftssoziologie von *F. Fürstenberg.* 122 Seiten. 1961. (1193)

Psychologie des Berufs- und Wirtschaftslebens von *W. Moede †.* 190 Seiten, 48 Abbildungen. 1958. (851/851a)

Einführung in die Arbeitswissenschaft von *H. H. Hilf.* 169 Seiten, 57 Abbildungen. 1964. (1212/1212a)

Allgemeine Methodenlehre der Statistik von *J. Pfanzagl.* 2 Bände. 2., neubearbeitete Auflage.
I: Elementare Methoden unter besonderer Berücksichtigung der Anwendungen in den Wirtschafts- und Sozialwissenschaften. 251 Seiten, 42 Abbildungen. 1964. (746/746a)
II: Höhere Methoden unter besonderer Berücksichtigung der Anwendungen in Naturwissenschaft, Medizin und Technik. 295 Seiten, 39 Abbildungen. 1965. Im Druck. (747/747a)

Zeitungslehre von *E. Dovifat.* 2 Bände. 4., neubearbeitete Auflage.
I: Theoretische und rechtliche Grundlagen — Nachricht und Meinung — Sprache und Form. 149 Seiten. 1962. (1039)
II: Redaktion — Die Sparten: Verlag und Vertrieb, Wirtschaft und Technik — Sicherung der öffentlichen Aufgabe. 168 Seiten. 1962. (1040)

Naturwissenschaften

Mathematik

Geschichte der Mathematik von *J. E. Hofmann*. 4 Bände.
I: Von den Anfängen bis zum Auftreten von Fermat und Descartes. 2., verbesserte und vermehrte Auflage. 251 Seiten. 1963. (226/226a)
II: Von Fermat und Descartes bis zur Erfindung des Calculus und bis zum Ausbau der neuen Methoden. 109 Seiten. 1957. (875)
III: Von den Auseinandersetzungen um den Calculus bis zur französischen Revolution. 107 Seiten. 1957. (882)
IV: Geschichte der Mathematik der neuesten Zeit von *N. Stuloff*. In Vorbereitung. (883)

Mathematische Formelsammlung von *F. O. Ringleb*. 7., erweiterte Auflage. 320 Seiten, 40 Figuren. 1960. (51/51a)

Vierstellige Tafeln und Gegentafeln für logarithmisches und trigonometrisches Rechnen in zwei Farben zusammengestellt von *H. Schubert* und *R. Haussner*. 3., neubearbeitete Auflage von *J. Erlebach*. 158 Seiten. 1960. (81)

Fünfstellige Logarithmen mit mehreren graphischen Rechentafeln und häufig vorkommenden Zahlenwerten von *A. Adler*. 4. Auflage, überarbeitet von *J. Erlebach*. 127 Seiten, 1 Tafel. 1962. (423)

Arithmetik von *P. B. Fischer †*. 3. Auflage von *H. Rohrbach*. 152 Seiten, 19 Abbildungen. 1958. (47)

Höhere Algebra von *H. Hasse*. 2 Bände.
I: Lineare Gleichungen. 5., neubearbeitete Auflage. 150 Seiten. 1963. (931)
II: Gleichungen höheren Grades. 4., durchgesehene Auflage. 158 Seiten, 5 Figuren. 1958. (932)

Aufgabensammlung zur höheren Algebra von *H. Hasse* und *W. Klobe*. 3., verbesserte Auflage. 183 Seiten. 1961. (1082)

Elementare und klassische Algebra vom modernen Standpunkt von *W. Krull*. 2 Bände.
I: 3., erweiterte Auflage. 148 Seiten. 1963. (930)
II: 132 Seiten. 1959. (933)

Lineare Programmierung von *H. Langen*. Etwa 200 Seiten. 1964. (1206/1206a)

Algebraische Kurven und Flächen von *W. Burau*. 2 Bände.
I: Algebraische Kurven der Ebene. 153 Seiten, 28 Abbildungen. 1962. (435)
II: Algebraische Flächen 3. Grades und Raumkurven 3. und 4. Grades. 162 Seiten, 17 Abbildungen. 1962. (436/436a)

Einführung in die Zahlentheorie von *A. Scholz †*. Überarbeitet und herausgegeben von *B. Schoeneberg*. 3. Auflage. 128 Seiten. 1961. (1131)

Formale Logik von *P. Lorenzen*. 2., verbesserte Auflage. 165 Seiten. 1962. (1176/1176a)

Topologie von *W. Franz*. 2 Bände.
I: Allgemeine Topologie. 144 Seiten, 9 Figuren. 1960. (1181)
II: Algebraische Topologie. 130 Seiten. 1964. (1182/1182a)

Elemente der Funktionentheorie von *K. Knopp †*. 6. Auflage. 144 Seiten, 23 Figuren. 1963. (1109)

Funktionentheorie von *K. Knopp †*. 2 Bände. 11. Auflage.
I: Grundlagen der allgemeinen Theorie der analytischen Funktionen. 144 Seiten, 8 Figuren. 1964. (668)
II: Anwendungen und Weiterführung der allgemeinen Theorie. 130 Seiten, 7 Figuren. 1964. (703)

Aufgabensammlung zur Funktionentheorie von *K. Knopp †*. 2 Bände. 6. Auflage.
I: Aufgaben zur elementaren Funktionentheorie. 135 Seiten. 1962. (877)
II: Aufgaben zur höheren Funktionentheorie. 151 Seiten. 1964. (878)

Differential- und Integralrechnung von *M. Barner*. (Früher *Witting*). 4 Bände.
I: Grenzwertbegriff, Differentialrechnung. 2., durchgesehene Auflage. 176 Seiten, 39 Figuren. 1963. (86)

Gewöhnliche Differentialgleichungen von *G. Hoheisel*. 7., neubearbeitete und erweiterte Auflage. 128 Seiten. 1964. Im Druck. (920)

Partielle Differentialgleichungen von *G. Hoheisel*. 4., durchgesehene Auflage. 128 Seiten. 1960. (1003)

Aufgabensammlung zu den gewöhnlichen und partiellen Differentialgleichungen von *G. Hoheisel*. 4., neubearbeitete Auflage. 153 Seiten. 1964. (1059/1059a)

Integralgleichungen von *G. Hoheisel*. 2., neubearbeitete und erweiterte Auflage. 112 Seiten. 1963. (1099)

Mengenlehre von *E. Kamke*. 5. Auflage. 194 Seiten, 6 Figuren. 1965. (999/999a)

Gruppentheorie von *L. Baumgartner*. 4., erweiterte Auflage. 186 Seiten, 3 Tafeln. 1964. (837/837a)

Ebene und sphärische Trigonometrie von *G. Hessenberg †*. 5. Auflage, durchgesehen von *H. Kneser*. 172 Seiten, 60 Figuren. 1957. (99)

Darstellende Geometrie von *W. Haack*. 3 Bände.
I: Die wichtigsten Darstellungsmethoden. Grund- und Aufriß ebenflächiger Körper. 4., durchgesehene und ergänzte Auflage. 113 Seiten, 120 Abbildungen. 1963. (142)
II: Körper mit krummen Begrenzungsflächen. Kotierte Projektionen. 3., durchgesehene Auflage. 129 Seiten, 86 Abbildungen. 1962. (143)
III: Axonometrie und Perspektive. 2., durchgesehene und ergänzte Auflage. 129 Seiten, 100 Abbildungen. 1962. (144)

Analytische Geometrie von *K. P. Grotemeyer*. 3. Auflage. 218 Seiten, 73 Abbildungen. 1964. (65/65a)

Nichteuklidische Geometrie. Hyperbolische Geometrie der Ebene von *R. Baldus †*. Bearbeitet und ergänzt von *F. Löbell*. 4. Auflage. 158 Seiten, 75 Figuren. 1964. (970/970a)

Differentialgeometrie von *K. Strubecker*. 3 Bände.
I: Kurventheorie der Ebene und des Raumes. 2., erweiterte Auflage. 253 Seiten, 45 Figuren. 1964. (1113/1113a)

II: Theorie der Flächenmetrik. 195 Seiten, 14 Figuren. 1958. (1179/1179a)
III: Theorie der Flächenkrümmung. 254 Seiten, 38 Figuren. 1959. (1180/1180a)

Variationsrechnung von *L. Koschmieder*. 2 Bände. 2., neubearbeitete Auflage.
I: Das freie und gebundene Extrem einfacher Grundintegrale. 128 Seiten, 23 Figuren. 1962. (1074)
II: Anwendung klassischer Verfahren auf allgemeine Fragen des Extrems. — Neuere unmittelbare Verfahren. In Vorbereitung. (1075)

Einführung in die konforme Abbildung von *L. Bieberbach*. 5., erweiterte Auflage. 180 Seiten, 42 Figuren. 1956. (768/768a)

Vektoren und Matrizen von *S. Valentiner*. 3. Auflage. (10., erweiterte Auflage der „Vektoranalysis"). Mit Anhang: Aufgaben zur Vektorrechnung von *H. König*. 206 Seiten, 35 Figuren. 1963. (354/354a)

Wahrscheinlichkeitstheorie und Grundzüge der Maßtheorie von *H. Bauer*. 2 Bände.
I: 151 Seiten. 1964. (1216/1216a)
II: In Vorbereitung. (1217)

Versicherungsmathematik von *F. Böhm*. 2 Bände.
I: Elemente der Versicherungsrechnung. 3., vermehrt und verbesserte Auflage. Durchgesehener Neudruck. 151 Seiten 1953. (180)
II: Lebensversicherungsmathematik. Einführung in die technischen Grundlagen der Sozialversicherung. 2., verbesserte und vermehrte Auflage. 205 Seiten. 1953. (917/917a)

Finanzmathematik von *M. Nicolas*. 192 Seiten, 11 Tafeln, 8 Tabellen und 72 Beispiele. 1959. (1183/1183a)

Kinematik von *H. R. Müller*. 171 Seiten, 75 Figuren. 1963. (584/584a)

Physik

Einführung in die theoretische Physik von *W. Döring*. 5 Bände.
I: Mechanik. 3., verbesserte Auflage. 123 Seiten, 25 Abbildungen. 1964. Im Druck. (76)
II: Das elektromagnetische Feld. 2., verbesserte Auflage. 132 Seiten, 15 Abbildungen. 1962. (77)
III: Optik. 2., verbesserte Auflage. 117 Seiten, 32 Abbildungen. 1963. (78)
IV: Thermodynamik. 2., verbesserte Auflage. 107 Seiten, 9 Abbildungen. 1964. (374)
V: Statistische Mechanik. 114 Seiten, 12 Abbildungen. 1957. (1017)

Mechanik deformierbarer Körper von *M. Päsler*. 199 Seiten, 48 Abbildungen. 1960. (1189/1189a)

Atomphysik von *K. Bechert, Ch. Gerthsen †* und *A. Flammersfeld*. 7 Bände. 4., durchgesehene Auflage.
I: Allgemeine Grundlagen. 1. Teil von *A. Flammersfeld*. 124 Seiten, 35 Abbildungen. 1959. (1009)
II: Allgemeine Grundlagen. 2. Teil von *A. Flammersfeld*. 112 Seiten, 47 Abbildungen. 1963. (1033)

III: Theorie des Atombaus. 1. Teil von *K. Bechert.* 148 Seiten, 16 Abbildungen. 1963. (1123/1123a)

IV: Theorie des Atombaus. 2. Teil von *K. Bechert.* 170 Seiten, 14 Abbildungen. 1963. (1165/1165a)

Differentialgleichungen der Physik von *F. Sauter.* 3., durchgesehene und ergänzte Auflage. 148 Seiten, 16 Figuren. 1958. (1070)

Physikalische Formelsammlung von *G. Mahler†.* Fortgeführt von *K. Mahler.* Neubearbeitet von *H. Graewe.* 11. Auflage. 167 Seiten, 69 Figuren. 1963. (136)

Physikalische Aufgabensammlung mit Ergebnissen von *G. Mahler †.* Fortgeführt von *K. Mahler.* Neubearbeitet von *H. Graewe.* 12. Auflage. 141 Seiten. 1964. (243)

Chemie

Geschichte der Chemie in kurzgefaßter Darstellung von *G. Lockemann.* 2 Bände.

I: Vom Altertum bis zur Entdeckung des Sauerstoffs. 2. Auflage. 142 Seiten, 8 Bildnisse. In Vorbereitung. (264)

II: Von der Entdeckung des Sauerstoffs bis zur Gegenwart. 151 Seiten, 16 Bildnisse. 1955. (265/265a)

Anorganische Chemie von *W. Klemm.* 13. Auflage. 255 Seiten, 34 Abbildungen. 1964. (37/37a)

Organische Chemie von *W. Schlenk.* 9., erweiterte Auflage. 273 Seiten, 16 Abbildungen. 1963. (38/38a)

Physikalische Methoden in der Organischen Chemie von *G. Kresze.* 2 Bände.

I: 119 Seiten, 65 Abbildungen. 1962. (44)

II: 164 Seiten. 1962. (45/45a)

Allgemeine und physikalische Chemie von *W. Schulze.* 2 Bände.

I: 5., durchgesehene Auflage. 139 Seiten, 10 Figuren. 1960. (71)

II: 5., verbesserte Auflage. 178 Seiten, 37 Figuren. 1961. (698/698a)

Einfache Versuche zur allgemeinen und physikalischen Chemie von *E. Dehn.* 371 Versuche mit 40 Abbildungen. 272 Seiten. 1962. (1201/1201a)

Molekülbau. Theoretische Grundlagen und Methoden der Strukturermittlung von *W. Schulze.* 123 Seiten, 43 Figuren. 1958. (786)

Physikalisch-chemische Rechenaufgaben von *E. Asmus.* 3., verbesserte Auflage. 96 Seiten. 1958. (445)

Maßanalyse. Theorie und Praxis der klassischen und der elektrochemischen Titrierverfahren von *G. Jander* und *K. F. Jahr.* 10., erweiterte Auflage, mitbearbeitet von *H. Knoll.* 358 Seiten, 56 Figuren. 1963. (221/221a)

Qualitative Analyse von *H. Hofmann* u. *G. Jander.* 2., durchgesehene und verbesserte Auflage. 308 Seiten, 5 Abbildungen. 1963. (247/247a)

Thermochemie von *W. A. Roth †.* 2., verbesserte Auflage. 109 Seiten, 16 Figuren. 1952. (1057)

Stöchiometrische Aufgabensammlung von *W. Bahrdt †* und *R. Scheer*. Mit den Ergebnissen. 8., durchgesehene Auflage. 119 Seiten. 1964. (452)

Elektrochemie von *K. Vetter*. 2 Bände.
I: In Vorbereitung. (252)
II: In Vorbereitung. (253)

Technologie

Die Chemie der Kunststoffe von *K. Hamann*, unter Mitarbeit von *W. Funke* und *H. D. Hermann*. 143 Seiten. 1960. (1173)

Warenkunde von *K. Hassak* und *E. Beutel †*. 2 Bände.
I: Anorganische Waren sowie Kohle und Erdöl. 8. Auflage. Neubearbeitet von *A. Kutzelnigg*. 119 Seiten, 18 Figuren. 1958. (222)
II: Organische Waren. 8. Auflage. Vollständig neubearbeitet von *A. Kutzelnigg*. 157 Seiten, 32 Figuren. 1959. (223)

Die Fette und Öle von *Th. Klug*. 6., verbesserte Auflage. 143 Seiten. 1961. (335)

Die Seifenfabrikation von *K. Braun †*. 3., neubearbeitete und verbesserte Auflage von *Th. Klug*. 116 Seiten, 18 Abbildungen. 1953. (336)

Thermische Verfahrenstechnik von *H. Bock*. 3 Bände.
I: Eigenschaften und Verhalten der realen Stoffe. 164 Seiten, 28 Abbildungen. 1963. (1209/1209a)
II: Funktion und Berechnung der elementaren Geräte. 195 Seiten, 54 Abbildungen. 1964. (1210/1210a)
III: Fließbilder, ihre Funktion und ihr Zusammenbau aus Geräten. Im Druck. (1211/1211a)

Textilindustrie von *A. Blümcke*.
I: Spinnerei und Zwirnerei. 111 Seiten, 43 Abbildungen. 1954. (184)

Biologie

Einführung in die allgemeine Biologie und ihre philosophischen Grund- und Grenzfragen von *M. Hartmann*. 132 Seiten, 2 Abbildungen. 1956. (96)

Hormone von *G. Koller*. 2., neubearbeitete und erweiterte Auflage. 187 Seiten, 60 Abbildungen, 19 Tabellen. 1949. (1141)

Fortpflanzung im Tier- und Pflanzenreich von *J. Hämmerling*. 2., ergänzte Auflage. 135 Seiten, 101 Abbildungen. 1951. (1138)

Geschlecht und Geschlechtsbestimmung im Tier- und Pflanzenreich von *M. Hartmann*. 2., verbesserte Auflage. 116 Seiten, 61 Abbildungen, 7 Tabellen. 1951. (1127)

Symbiose der Tiere mit pflanzlichen Mikroorganismen von *P. Buchner*. 2., verbesserte und vermehrte Auflage. 130 Seiten, 121 Abbildungen. 1949. (1128)

Grundriß der Allgemeinen Mikrobiologie von *W.* u. *A. Schwartz*. 2 Bände. 2., verbesserte und ergänzte Auflage.
I: 147 Seiten, 25 Abbildungen. 1960. (1155)
II: 142 Seiten, 29 Abbildungen. 1961. (1157)

Botanik

Entwicklungsgeschichte des Pflanzenreiches von *H. Heil.* 2. Auflage. 138 Seiten, 94 Abbildungen, 1 Tabelle. 1950. (1137)

Morphologie der Pflanzen von *L. Geitler.*, 3., umgearbeitete Auflage. 126 Seiten, 114 Abbildungen. 1953. (141)

Pflanzengeographie von *L. Diels †.* 5., völlig neubearbeitete Auflage von *F. Mattick.* 195 Seiten, 2 Karten. 1958. (389/389 a)

Die Laubhölzer. Kurzgefaßte Beschreibung der in Mitteleuropa gedeihenden Laubbäume und Sträucher von *F. W. Neger †* und *E. Münch †.* 3., durchgesehene Auflage, herausgegeben von *B. Huber.* 143 Seiten, 63 Figuren, 7 Tabellen. 1950. (718)

Die Nadelhölzer (Koniferen) und übrigen Gymnospermen von *F. W. Neger †* und *E. Münch †.* 4. Auflage, durchgesehen und ergänzt von *B. Huber.* 140 Seiten, 75 Figuren, 4 Tabellen, 3 Karten. 1952. (355)

Pflanzenzüchtung von *H. Kuckuck.* 2 Bände.

I: Grundzüge der Pflanzenzüchtung. 3., völlig umgearbeitete und erweiterte Auflage. 132 Seiten, 22 Abbildungen. 1952. (1134)

II: Spezielle gartenbauliche Pflanzenzüchtung (Züchtung von Gemüse, Obst und Blumen). 178 Seiten, 27 Abbildungen. 1957. (1178/1178 a)

Zoologie

Entwicklungsphysiologie der Tiere von *F. Seidel.* 2 Bände.

I: Ei und Furchung. 126 Seiten, 29 Abbildungen. 1953. (1162)

II: Körpergrundgestalt und Organbildung. 159 Seiten, 42 Abbildungen. 1953. (1163)

Das Tierreich

I: Einzeller, Protozoen von *E. Reichenow.* 115 Seiten. 59 Abbildungen. 1956. (444)

II: Schwämme und Hohltiere von *H. J. Hannemann.* 95 Seiten, 80 Abbildungen. 1956. (442)

III: Würmer. Platt-, Hohl-, Schnurwürmer, Kamptozoen, Ringelwürmer, Protracheaten, Bärtierchen, Zungenwürmer von *S. Jaeckel.* 114 Seiten, 36 Abbildungen. 1955. (439)

IV, 1: Krebse von *H. E. Gruner* und *K. Deckert.* 114 Seiten, 43 Abbildungen. 1956. (443)

IV, 2: Spinnentiere (Trilobitomorphen, Fühlerlose) und Tausendfüßler von *A. Kaestner.* 96 Seiten, 55 Abbildungen. 1955. (1161)

IV, 3: Insekten von *H. von Lengerken.* 128 Seiten, 58 Abbildungen. 1953. (594)

V: Weichtiere. Urmollusken, Schnecken, Muscheln und Kopffüßer von *S. Jaeckel.* 92 Seiten. 34 Figuren. 1954. (440)

VI: Stachelhäuter. Tentakulaten, Binnenatmer und Pfeilwürmer von *S. Jaeckel.* 100 Seiten, 46 Abbildungen. 1955. (441)

VII, 1: Manteltiere, Schädellose, Rundmäuler von *Th. Haltenorth.* In Vorbereitung. (448)

VII, 2: Fische von *D. Lüdemann*. 130 Seiten, 65 Abbildungen. 1955. (356)
VII, 3: Lurche (Chordatiere) von *K. Herter*. 143 Seiten, 129 Abbildungen. 1955. (847)
VII, 4: Kriechtiere (Chordatiere) von *K. Herter*. 200 Seiten, 42 Abbildungen. 1960. (447/447 a)
VII, 5: Vögel (Chordatiere) von *H.-A. Freye*. 156 Seiten, 69 Figuren. 1960. (869)
VII, 6: Säugetiere (Chordatiere) von *Th. Haltenorth*. In Vorbereitung. (282)

Land- und Forstwirtschaft

Landwirtschaftliche Tierzucht. Die Züchtung und Haltung der landwirtschaftlichen Nutztiere von *H. Vogel*. 139 Seiten, 11 Abbildungen. 1952. (228)
Kulturtechnische Bodenverbesserungen von *O. Fauser*. 2 Bände. 5., verbesserte und vermehrte Auflage.
I: Allgemeines, Entwässerung. 127 Seiten, 49 Abbildungen. 1959. (691)
II: Bewässerung, Ödlandkultur, Flurbereinigung. 159 Seiten, 71 Abbildungen. 1961. (692)
Agrikulturchemie von *K. Scharrer*. 2 Bände.
I: Pflanzenernährung. 143 Seiten. 1953. (329)
II: Futtermittelkunde. 192 Seiten. 1956. (330/330a)

Geologie, Mineralogie, Kristallographie

Geologie von *F. Lotze*. 3., verbesserte Auflage. 178 Seiten, 80 Abbildungen. 1964. Im Druck. (13/13a)
Mineral- und Erzlagerstättenkunde von *H. Huttenlocher †*. 2 Bände. 2. Auflage. Neubearbeitet von *P. Ramdohr*.
I: 128 Seiten, 34 Abbildungen. In Vorbereitung. (1014)
II: 156 Seiten, 48 Abbildungen. In Vorbereitung. (1015/1015a)
Allgemeine Mineralogie. 11., erweiterte Auflage der „Mineralogie" von *R. Brauns†*, neubearbeitet von *K. F. Chudoba*. 152 Seiten, 143 Textfiguren, 1 Tafel, 3 Tabellen. 1963. (29/29 a)
Spezielle Mineralogie. 11., erweiterte Auflage der „Mineralogie" von *R. Brauns †*, bearbeitet von *K. F. Chudoba*. 193 Seiten, 127 Textfiguren, 6 Tabellen. 1964. (31/31 a)
Petrographie (Gesteinskunde) von *W. Bruhns †*. Neubearbeitet von *P. Ramdohr*. 5., erweiterte Auflage. 141 Seiten, 10 Figuren. 1960. (173)
Kristallographie von *W. Bruhns †*. 6. Auflage, neubearbeitet von *P. Ramdohr*. 109 Seiten, 164 Abbildungen. 1965. In Vorbereitung. (210)
Einführung in die Kristalloptik von *E. Buchwald*. 5., verbesserte Auflage. 128 Seiten, 117 Figuren. 1963. (619/619a)
Lötrohrprobierkunde. Mineraldiagnose mit Lötrohr und Tüpfelreaktion von *M. Henglein*. 4., durchgesehene und erweiterte Auflage. 108 Seiten, 12 Figuren. 1962. (483)

Technik

Graphische Darstellung in Wissenschaft und Technik von *M. Pirani*. 3., erweiterte Auflage bearbeitet von *J. Fischer* unter Benutzung der von *I. Runge* besorgten 2. Auflage. 216 Seiten, 104 Abbildungen. 1957. (728/728a)

Technische Tabellen und Formeln von *W. Müller*. 5., verbesserte und erweiterte Auflage von *E. Schulze*. 165 Seiten, 114 Abbildungen, 99 Tafeln. 1962. (579)

Einführung in die Arbeitswissenschaft von *H. H. Hilf*. 164 Seiten, 57 Abbildungen. 1964. (1212/1212a)

Grundlagen der Straßenverkehrstechnik. Theorie der Leistungsfähigkeit von *E. Engel*. 101 Seiten, 55 Abbildungen. 1962. (1198)

Elektrotechnik

Grundlagen der allgemeinen Elektrotechnik von *O. Mohr*. 2., durchgesehene Auflage. 260 Seiten, 136 Bilder, 14 Tafeln. 1961. (196/196a)

Die Gleichstrommaschine von *K. Humburg*. 2 Bände. 2., durchgesehene Auflage.
I: 102 Seiten, 59 Abbildungen. 1956. (257)
II: 101 Seiten, 38 Abbildungen. 1956. (881)

Die Synchronmaschine von *W. Putz*. 92 Seiten, 64 Bilder. 1962. (1146)

Induktionsmaschinen von *F. Unger*. 2., erweiterte Auflage. 142 Seiten, 49 Abbildungen. 1954. (1140)

Die komplexe Berechnung von Wechselstromschaltungen von *H. H. Meinke*. 3. Auflage. 180 Seiten, 120 Abbildungen. 1964. (1156/1156a)

Theoretische Grundlagen zur Berechnung der Schaltgeräte von *F. Kesselring*. 3. Auflage. 144 Seiten, 92 Abbildungen. 1950. (711)

Einführung in die Technik selbsttätiger Regelungen von *W. zur Megede*. 2., durchgesehene Auflage. 180 Seiten, 86 Abbildungen. 1961. (714/714a)

Elektromotorische Antriebe (Grundlagen für die Berechnung) von *A. Schwaiger*. 3., neubearbeitete Auflage. 96 Seiten, 34 Abbildungen. 1952. (827)

Überspannungen und Überspannungsschutz von *G. Frühauf*. Durchgesehener Neudruck. 132 Seiten, 98 Abbildungen. 1950. (1132)

Elektrische Höchstspannungs-Schaltanlagen. Für Freiluft und Innenanordnung von *G. Meiners* und *K.-H. Wiesenewsky*. 138 Seiten, 58 Abbildungen. 1964. (796/796a)

Transformatoren von *W. Schäfer*. 4., überarbeitete und ergänzte Auflage. 130 Seiten, 73 Abbildungen. 1962. (952)

Maschinenbau

Metallkunde von *H. Borchers.* 3 Bände.
I: Aufbau der Metalle und Legierungen. 6. Auflage. 120 Seiten, 90 Abbildungen, 2 Tabellen. 1964. (432)
II: Eigenschaften, Grundzüge der Form- und Zustandsgebung. 5., ergänzte und durchgesehene Auflage. 182 Seiten, 107 Abbildungen, 10 Tabellen. 1963. (433/433a)
III: Die metallkundlichen Untersuchungsmethoden von *E. Hanke.* In Vorbereitung. (434)

Die Werkstoffe des Maschinenbaues von *A. Thum † und C. M. v. Meysenbug.* 2 Bände.
I: Einführung in die Werkstoffprüfung. 2., neubearbeitete Auflage. 100 Seiten, 7 Tabellen, 56 Abbildungen. 1956. (476)
II: Die Konstruktionswerkstoffe. 132 Seiten, 40 Abbildungen. 1959. (936)

Dynamik von *W. Müller.* 2 Bände. 2., verbesserte Auflage.
I: Dynamik des Einzelkörpers. 128 Seiten, 48 Figuren. 1952. (902)
II: Systeme von starren Körpern. 102 Seiten, 41 Figuren. 1952. (903)

Technische Schwingungslehre von *L. Zipperer.* 2 Bände. 2., neubearbeitete Auflage.
I: Allgemeine Schwingungsgleichungen, einfache Schwinger. 120 Seiten, 101 Abbildungen. 1953. (953)
II: Torsionsschwingungen in Maschinenanlagen. 102 Seiten, 59 Abbildungen. 1955. (961/961a)

Werkzeugmaschinen für Metallbearbeitung von *K. P. Matthes.* 2 Bände.
I: 100 Seiten, 27 Abbildungen, 11 Zahlentafeln, 1 Tafelanhang. 1954. (561)
II: Fertigungstechnische Grundlagen der neuzeitlichen Metallbearbeitung. 101 Seiten, 30 Abbildungen, 5 Tafeln. 1955. (562)

Das Maschinenzeichnen mit Einführung in das Konstruieren von *W. Tochtermann.* 2 Bände. 4. Auflage.
I: Das Maschinenzeichnen. 156 Seiten, 75 Tafeln. 1950. (589)
II: Ausgeführte Konstruktionsbeispiele. 130 Seiten, 58 Tafeln. 1950. (590)

Die Maschinenelemente von *E. A. vom Ende †.* 4., überarbeitete Auflage. 184 Seiten, 179 Figuren, 11 Tafeln. 1963. (3/3a)

Die Maschinen der Eisenhüttenwerke von *L. Engel.* 156 Seiten, 95 Abbildungen. 1957. (583/583a)

Walzwerke von *H. Sedlaczek †* unter Mitarbeit von *F. Fischer* und *M. Buch.* 232 Seiten, 157 Abbildungen. 1958. (580/580a)

Getriebelehre von *P. Grodzinski †.* 2 Bände. 3., neubearbeitete Auflage von *G. Lechner.*
I: Geometrische Grundlagen. 164 Seiten, 131 Figuren. 1960. (1061)
II: Angewandte Getriebelehre. In Vorbereitung. (1062)

Kinematik von *H. R. Müller.* 171 Seiten, 75 Figuren. 1963. (584/584a)

Gießereitechnik von *H. Jungbluth*. 2 Bände.
I: Eisengießerei. 126 Seiten, 44 Abbildungen. 1951. (1159)

Die Dampfkessel einschließlich Feuerungen und Hilfseinrichtungen. Physikalische und chemische Grundlagen, Berechnung und Konstruktion, Vorschriften und Beispiele von *W. Marcard*. 3., neubearbeitete Auflage von *G. Beyer*. 2 Bände.
I: Physikalische und chemische Grundlagen, Wärmelehre, Wärmeübertragung, Verbrennung. 133 Seiten, 35 Bilder, 26 Tabellen. 1964. (9/9a)

Die Dampfturbinen. Ihre Wirkungsweise, Berechnung und Konstruktion von *C. Zietemann*. 3 Bände.
I: Theorie der Dampfturbinen. 4. Auflage. 139 Seiten, 48 Abbildungen. 1964. In Vorbereitung. (274)
II: Die Berechnung der Dampfturbinen und die Konstruktion der Einzelteile. 4., verbesserte Auflage. 132 Seiten, 111 Abbildungen. 1964. In Vorbereitung. (715)
III: Die Regelung der Dampfturbinen, die Bauarten, Turbinen für Sonderzwecke, Kondensationsanlagen. 3., verbesserte Auflage. 126 Seiten, 90 Abbildungen. 1956. (716)

Verbrennungsmotoren von *W. Endres*. 3 Bände.
I: Überblick. Motor-Brennstoffe. Verbrennung im Motor allgemein, im Otto- und Diesel-Motor. 153 Seiten, 57 Abbildungen. 1958. (1076/1076a)
II: Die heutigen Typen der Verbrennungskraftmaschine. In Vorbereitung. (1184)
III: Die Einzelteile des Verbrennungsmotors. In Vorbereitung. (1185)

Autogenes Schweißen und Schneiden von *H. Niese*. 5. Auflage, neubearbeitet von *A. Küchler*. 136 Seiten, 71 Figuren. 1953. (499)

Die elektrischen Schweißverfahren von *H. Niese*. 2. Auflage, neubearbeitet von *H. Dienst*. 136 Seiten, 58 Abbildungen. 1955. (1020)

Die Hebezeuge. Entwurf von Winden und Kranen von *G. Tafel*. 2., verbesserte Auflage. 176 Seiten, 230 Figuren. 1954. (414/414a)

Vermessungswesen

Vermessungskunde von *W. Großmann*. 3 Bände.
I: Stückvermessung und Nivellieren. 12., verbesserte Auflage. 144 Seiten, 117 Figuren. 1964. (468)
II: Horizontalaufnahmen und ebene Rechnungen. 9., verbesserte Auflage. 136 Seiten, 101 Figuren. 1963. (469)
III: Trigonometrische und barometrische Höhenmessung. Tachymetrie und Absteckungen. 8. Auflage. 136 Seiten, 97 Figuren. 1964. (862)

Kartographie von *V. Heissler*. 213 Seiten, 125 Abbildungen, 8 Anlagen. 1962. (30/30a)

Photogrammetrie von *G. Lehmann*. 189 Seiten, 132 Abbildungen. 1959. (1188/1188a)

Wasserbau

Wasserkraftanlagen von *A. Ludin* unter Mitarbeit von *W. Borkenstein*. 2 Bände.
I: Planung, Grundlagen und Grundzüge. 124 Seiten, 60 Abbildungen. 1955. (665)
II: Anordnung und Ausbildung der Hauptbauwerke. 184 Seiten, 91 Abbildungen. 1958. (666/666a)

Verkehrswasserbau von *H. Dehnert*. 3 Bände.
I: Entwurfsgrundlagen, Flußregelungen. 103 Seiten, 53 Abbildungen. 1950. (585)
II: Flußkanalisierung und Schiffahrtskanäle. 94 Seiten, 60 Abbildungen. 1950. (597)
III: Schleusen und Hebewerke. 98 Seiten, 70 Abbildungen. 1950. (1152)

Wehr- und Stauanlagen von *H. Dehnert*. 134 Seiten, 90 Abbildungen. 1952. (965)

Talsperren von *F. Tölke*. 122 Seiten, 70 Abbildungen. 1953. (1044)

Hoch- und Tiefbau

Die wichtigsten Baustoffe des Hoch- und Tiefbaus von *O. Graf †*. 4., verbesserte Auflage. 131 Seiten, 63 Abbildungen. 1953. (984)

Baustoffverarbeitung und Baustellenprüfung des Betons von *A. Kleinlogel*. 2., neubearbeitete und erweiterte Auflage. 126 Seiten, 35 Abbildungen. 1951. (978)

Festigkeitslehre. 2 Bände.
I: Elastizität, Plastizität und Festigkeit der Baustoffe und Bauteile von *W. Gehler †* und *W. Herberg*. Durchgesehener und erweiterter Neudruck. 159 Seiten, 118 Abbildungen. 1952. (1144)
II: Formänderung, Platten, Stabilität und Bruchhypothesen von *W. Herberg* und *N. Dimitrov*. 187 Seiten, 94 Abbildungen. 1955. (1145/1145a)

Grundlagen des Stahlbetonbaus von *A. Troche*. 2., neubearbeitete und erweiterte Auflage. 208 Seiten, 75 Abbildungen, 17 Bemessungstafeln, 20 Rechenbeispiele. 1953. (1078)

Statik der Baukonstruktionen von *A. Teichmann*. 3 Bände.
I: Grundlagen. 101 Seiten, 51 Abbildungen, 8 Formeltafeln. 1956. (119)
II: Statisch bestimmte Stabwerke. 107 Seiten, 52 Abbildungen, 7 Tafeln. 1957. (120)
III: Statisch unbestimmte Systeme. 112 Seiten, 34 Abbildungen, 7 Formeltafeln. 1958. (122)

Fenster, Türen, Tore aus Holz und Metall. Eine Anleitung zu ihrer guten Gestaltung, wirtschaftlichen Bemessung und handwerksgerechten Konstruktion von *W. Wickop †*. 4., überarbeitete und ergänzte Auflage. 155 Seiten, 95 Abbildungen. 1955. (1092)

Heizung und Lüftung von *W. Körting*. 2 Bände. 9., neubearbeitete Auflage.

I: Das Wesen und die Berechnung der Heizungs- und Lüftungsanlagen. 171 Seiten, 29 Abbildungen, 36 Zahlentafeln. 1962. (342/342a)

II: Die Ausführung der Heizungs- und Lüftungsanlagen. 1964. In Vorbereitung. (343)

Industrielle Kraft- und Wärmewirtschaft von *F. A. F. Schmidt* und *A. Beckers*. 167 Seiten, 73 Abbildungen. 1957. (318/318a)

Sammlung Göschen / Bandnummernfolge

1 Langosch, Der Nibelunge Nôt
3/3a v. Ende, Maschinenelemente
9/9a Marcard-Beyer, Dampfkessel I
10 Jiriczek-Wisniewski, Kudrun und Dietrich-Epen
13/13a Lotze, Geologie
18 Maurer, Hartmann von Aue. Der arme Heinrich
19 Altheim, Römische Geschichte I
20 Hofstaetter, Dt. Sprachlehre
22 Maurer, Gottfried von Strassburg
29/29a Brauns-Chudoba, Allgemeine Mineralogie
30/30a Heissler, Kartographie
31/31a Brauns-Chudoba, Spezielle Mineralogie
32 Schneider-Wisniewski, Deutsche Heldensage
35 Treue, Dt. Geschichte von 1648—1740
37/37a Klemm, Anorganische Chemie
38/38a Schlenk, Organische Chemie
39 Treue, Dt. Geschichte von 1713—1806
42 Behn-Hoernes, Vorgeschichte Europas
44 Kresze, Physikalische Methoden in der Organischen Chemie I
45/45a Kresze, Physikalische Methoden in der Organischen Chemie II
47 Fischer-Rohrbach, Arithmetik
51/51a Ringleb, Mathem. Formelsammlung
52 Bieler, Röm. Literaturgesch. I
59 Krahe, Indog. Sprachwiss. I
60 Biehle, Stimmkunde
61 Biele, Redetechnik
64 Krahe, Indog. Sprachwiss. II
65/65a Grotemeyer, Analyt. Geometrie
66 Berneker-Vasmer, Russische Grammatik
70 Nestle-Liebich, Gesch. d. griechischen Literatur I
71 Schulze, Allgemeine und physikalische Chemie I
76 Döring, Einf. i. d. th. Physik I
77 Döring, Einf. i. d. th. Physik II
78 Döring, Einf. i. d. th. Physik III
79/79a Hempel, Got. Elementarbuch
80 Weigert, Stilkunde I
81 Schubert-Haussner-Erlebach, Vierstell. Logarithmentafeln
86 Barner, Differential- u. Integralrechnung I
96 Hartmann, Einf. in die allgem. Biologie
99 Hessenberg-Kneser, Ebene und sphär. Trigonometrie
101 v. Wiese, Soziologie
103 Dahrendorf, Industrie- und Betriebssoziologie
104/104a Hofstätter, Sozialpsychologie
111 Hoffmann-Debrunner, Gesch. der griechischen Sprache I
114 Debrunner, Gesch. der griechischen Sprache II
117 Brandenstein, Griechische Sprachwissenschaft I
118/118a Brandenstein, Griechische Sprachwissenschaft II
119 Teichmann, Statik der Baukonstruktionen I
120 Teichmann, Statik der Baukonstruktionen II
122 Teichmann, Statik der Baukonstruktionen III

128/128a Lausberg, Romanische Sprachwissenschaft I
136 Mahler-Graewe, Physikal. Formelsammlung
141 Geitler, Morphologie der Pflanzen
142 Haack, Darst. Geometrie I
143 Haack, Darst. Geometrie II
144 Haack, Darst. Geometrie III
145 Weimer, Gesch. der Pädagogik
148 Kolms, Finanzwissenschaft I
156/156a Landmann, Philosophische Anthropologie
170 Oehlmann, Musik des 19. Jhs.
171/171a Oehlmann, Musik des 20. Jhs.
173 Bruhns-Ramdohr, Petrographie
174 Schlingloff, Religion des Buddhismus I
180 Böhm, Versicherungsmathematik I
184 Blümcke, Textilindustrie I
196/196a Mohr, Grundlagen der allgem. Elektrotechnik
200/200a Gottschald, Dt. Rechtschreibungswörterbuch
210 Bruhns-Ramdohr, Kristallographie
220/220a Moser, Allg. Musiklehre
221/221a Jander-Jahr-Knoll, Maßanalyse
222 Hassak-Beutel-Kutzelnigg, Warenkunde I
223 Hassak-Beutel-Kutzelnigg, Warenkunde II
226/226a Hofmann, Gesch. der Mathematik I
228 Vogel, Landw. Tierzucht
231/231a Ehrlich, Gesch. Israels
238 Krahe, Germ. Sprachwiss. I
243 Mahler-Graewe, Physikal. Aufgabensammlung
247/247a Hofmann-Jander, Qualitative Analyse
250 Lausberg, Romanische Sprachwissenschaft II
252 Vetter, Elektrochemie I
253 Vetter, Elektrochemie II
257 Humburg, Gleichstrommaschine I
264 Lockemann, Gesch. der Chemie I
265/265a Lockemann, Geschichte der Chemie II
270 Kirn, Einführung in die Geschichtswissenschaft
274 Zietemann, Dampfturbinen I
279 Jacob-Hohenleutner, Quellenkunde der deutschen Geschichte I
280 Jacob-Hohenleutner, Quellenkunde der deutschen Geschichte II
281 Leisegang, Einführung in die Philosophie
282 Haltenorth, Säugetiere
284 Jacob-Weden, Quellenkunde der deutschen Geschichte III
318/318a Schmidt-Beckers, Industrielle Kraft- u. Wärmewirtschaft
319 Krug, Australien und Ozeanien
329 Scharrer, Agrikulturchemie I
330/330a Scharrer, Agrikulturchemie II
335 Klug, Fette und Öle
336 Braun-Klug, Seifenfabrikation
342/342a Körting, Heizung und Lüftung I
343 Körting, Heizung und Lüftung II
344 Moser, Musikästhetik
354/354a Valentiner-König, Vektoren und Matrizen
355 Neger-Münch-Huber, Nadelhölzer
356 Lüdemann, Fische
374 Döring, Einführung in die theoret. Physik IV
375 Preller, Geschichte Englands I
389/389a Diels-Mattick, Pflanzengeographie
391 Kolms, Finanzwissenschaft II
394/394a Schilling, Von der Renaissance bis Kant
414/414a Tafel, Hebezeuge
422 Gottschald, Dt. Personennamen
423 Adler-Erlebach, Fünfstellige Logarithmen
432 Borchers, Metallkunde I
433/433a Borchers, Metallkunde II

434 Borchers-Hanke, Metallkunde III
435 Burau, Algebr. Kurven u. Flächen I
436/436a Burau, Algebr. Kurven und Flächen II
439 Jaeckel, Würmer
440 Jaeckel, Weichtiere
441 Jaeckel, Stachelhäuter
442 Hannemann, Schwämme und Hohltiere
443 Gruner-Deckert, Krebse
444 Reichenow, Einzeller
445 Asmus, Physikal.-chem. Rechenaufgaben
447/447a Herter, Kriechtiere
448 Haltenorth, Manteltiere
452 Bahrdt-Scheer, Stöchiometrische Aufgabensammlung
468 Großmann, Vermessungskunde I
469 Großmann, Vermessungskunde II
476 Thum-Meysenbug, Die Werkstoffe des Maschinenbaues I
483 Henglein, Lötrohrprobierkunde
492 Stolz-Debrunner, Geschichte der lateinischen Sprache
499 Niese-Küchler, Autogenes Schweißen
500 Simmel, Hauptprobleme der Philosophie
536 Lehmann, Kant
538 Rumpf, Archäologie I
539 Rumpf, Archäologie II
540 Rumpf, Archäologie III
557 Nestle-Liebich, Gesch. der griech. Literatur II
561 Matthes, Werkzeugmaschinen I
562 Matthes, Werkzeugmaschinen II
564 Behn-Hoernes, Kultur der Urzeit I
565 Behn-Hoernes, Kultur der Urzeit II
566 Behn-Hoernes, Kultur der Urzeit III
571 Lehmann, Philosophie des 19. Jahrhunderts I
576/576a Moser, Gesangskunst
579 Müller-Schulze, Techn. Tabellen
580/580a Sedlaczek-Fischer-Buch, Walzwerke
583/583a Engel, Maschinen der Eisenhüttenwerke
584/584a Müller, Kinematik
585 Dehnert, Verkehrswasserbau I
587 Kalitsunakis-Steinmetz, Neugriech.-dt. Gesprächsbuch
589 Tochtermann, Maschinenzeichnen I
590 Tochtermann, Maschinenzeichnen II
594 v. Lengerken, Insekten
597 Dehnert, Verkehrswasserbau II
601 Mutschmann-Scherer, Engl. Phonetik
619/619a Buchwald, Kristalloptik
665 Ludin-Borkenstein, Wasserkraftanlagen I
666/666a Ludin-Borkenstein, Wasserkraftanlagen II
668 Knopp, Funktionentheorie I
677 Altheim, Röm. Geschichte II
679 Altheim, Röm. Geschichte III
684 Altheim, Röm. Geschichte IV
691 Fauser, Kulturtechn. Bodenverbesserungen I
692 Fauser, Kulturtechn. Bodenverbesserungen II
698/698a Schulze, Allgemeine u. physikalische Chemie II
703 Knopp, Funktionentheorie II
709 Lehmann, Philosophie des 19. Jahrhunderts II
711 Kesselring, Berechnung der Schaltgeräte
714/714a zur Megede, Technik selbsttätiger Regelungen
715 Zietemann, Dampfturbinen II
716 Zietemann, Dampfturbinen III
718 Neger-Münch-Huber, Laubhölzer
728/728a Pirani-Fischer-Runge, Graph. Darstellung in Wissenschaft u. Technik
735 Ekwall, Historische neuengl. Laut- und Formenlehre

746/746a Pfanzagl, Allg. Methodenlehre der Statistik I
747/747a Pfanzagl, Allg. Methodenlehre der Statistik II
756/756a Kalitsunakis, Gramm. d. Neugriech. Volksspr.
763/763a Beer-Meyer, Hebräische Grammatik I
764/764a Beer-Meyer, Hebräische Grammatik II
768/768a Bieberbach, Einführung in die konforme Abbildung
769/769a Beer-Meyer, Hebräisches Textbuch
770 Schlingloff, Religion des Buddhismus II
776 Kolms, Finanzwissensch. III
780 Krahe, Germ. Sprachwiss. II
781 Weigert, Stilkunde II
782 Kolms, Finanzwissensch. IV
786 Schulze, Molekülbau
796/796a Meiners-Wiesenewsky, Elektr. Höchstspannungs-Schaltanlagen
807 Kropp, Erkenntnistheorie
809 Moser, Harmonielehre I
810 Moser, Harmonielehre II
826 Koch, Philosophie d. Mittelalters
827 Schwaiger, Elektromotorische Antriebe
831 Erismann, Allg. Psychologie I
832/382a Erismann, Allg. Psychologie II
833 Erismann, Allg. Psychologie III
834/834a Erismann, Allg. Psychologie IV
837/837a Baumgartner, Gruppentheorie
845 Lehmann, Philosophie im ersten Drittel des 20. Jhs. I
847 Herter, Lurche
850 Lehmann, Philosophie im ersten Drittel des 20. Jhs. II
851/851a Moede, Psychologie des Berufs- und Wirtschaftslebens
857 Capelle, Griech. Philosophie I
858 Capelle, Griech. Philos. II
859 Capelle, Griech. Philos. III
862 Großmann, Vermessungskunde III
863 Capelle, Griech. Philos. IV
866 Bieler, Röm. Literaturgeschichte II
869 Freye, Vögel
875 Hofmann, Geschichte der Mathematik II
877 Knopp, Aufgabensammlung zur Funktionentheorie I
878 Knopp, Aufgabensammlung zur Funktionentheorie II
881 Humburg, Gleichstrommaschine II
882 Hofmann, Geschichte der Mathematik III
883 Stuloff, Mathematik der neuesten Zeit
893 Treue, Dt. Geschichte von 1806—1890
894 Treue, Dt. Geschichte von 1890 bis zur Gegenwart
902 Müller, Dynamik I
903 Müller, Dynamik II
910 Jaeger, Afrika I
911 Jaeger, Afrika II
915 Sperber-Fleischhauer, Gesch. der Deutschen Sprache
917/917a Böhm, Versicherungsmathematik II
920 Hoheisel, Gewöhnliche Differentialgleichungen
921 Jantzen-Kolb, W. v. Eschenbach. Parzival
924 Brandenstein, Griechische Sprachwissenschaft III
929 Schirmer-Mitzka, Dt. Wortkunde
930 Krull, Elementare und klassische Algebra I
931 Hasse, Höhere Algebra I
932 Hasse, Höhere Algebra II
933 Krull, Elementare und klassische Algebra II
936 Thum-Meysenbug, Werkstoffe d. Maschinenbaues II
952 Schäfer, Transformatoren
953 Zipperer, Techn. Schwingungslehre I
961/961a Zipperer, Techn. Schwingungslehre II
965 Dehnert, Wehr- und Stauanlagen

970/970a Baldus-Löbell, Nichteuklidische Geometrie
978 Kleinlogel, Baustoffverarbeitung und Baustellenprüfung d. Betons
984 Graf, Baustoffe des Hoch- und Tiefbaues
999/999a Kamke, Mengenlehre
1000 Jaspers, Geistige Situat. der Zeit
1003 Hoheisel, Partielle Differentialgleichung
1008/1008a Mellerowicz, Allgem. Betriebswirtschaftslehre I
1009 Bechert-Gerthsen-Flammersfeld, Atomphysik I
1014 Huttenlocher, Mineral- und Erzlagerstättenkunde I
1015/1015a Huttenlocher, Mineral- u. Erzlagerstättenkunde II
1017 Döring, Einführung in die theoret. Physik V
1020 Niese-Dienst, Elektrische Schweißverfahren
1031/1031a Apel-Ludz, Philosophisches Wörterbuch
1033 Bechert-Gerthsen-Flammersfeld, Atomphysik II
1034 Kranefeldt-Jung, Therapeutische Psychologie
1035 Altheim, Röm. Religionsgeschichte I
1039 Dovifat, Zeitungslehre I
1040 Dovifat, Zeitungslehre II
1044 Tölke, Talsperren
1045 Schubert, Technik des Klavierspiels
1051/1051a Stolberg-Wernigerode, Gesch. d. Vereinigten Staaten
1052 Altheim, Röm. Religionsgeschichte II
1057 Roth, Thermochemie
1059/1059a Hoheisel, Aufgabenslg. z. d. gew. u. part. Differentialgleichungen
1061 Grodzinski-Lechner, Getriebelehre I
1062 Grodzinski-Lechner, Getriebelehre II
1065 Haller-Dannenbauer, Von d. Karolingern zu den Staufern
1070 Sauter, Differentialgleichungen der Physik
1074 Koschmieder, Variationsrechnung I
1075 Koschmieder, Variationsrechnung II
1076/1076a Endres, Verbrennungsmotoren I
1077 Haller-Dannenbauer, Von den Staufern zu den Habsburgern
1078 Troche, Stahlbetonbau
1082 Hasse-Klobe, Aufgabensammlung zur höheren Algebra
1085 Lietzmann-Aland, Zeitrechnung
1086 Müller, Dt. Dichten und Denken
1088 Preller, Gesch. Englands II
1092 Wickop, Fenster, Türen, Tore
1094 Hernried, System. Modulation
1096 Viëtor, Dt. Dichten und Denken
1099 Hoheisel, Integralgleichungen
1105 Hartung, Dt. Geschichte im Zeitalter der Reformation
1108 de Boor-Wisniewski, Mittelhochdeutsche Grammatik
1109 Knopp, Elemente der Funktionentheorie
1111/1111a Naumann-Betz, Althochdt. Elementarbuch
1113/1113a Strubecker, Differentialgeometrie I
1114 Schubel, Engl. Literaturgeschichte I
1115 Ranke, Altnord. Elementarbuch
1116 Schubel, Engl. Literaturgeschichte II
1117 Haller-Dannenbauer, Eintritt der Germanen in die Geschichte
1121 Naumann, Dt. Dichten u. Denken
1122 Feist, Sprechen und Sprachpflege

1123/1123a Bechert-Gerthsen-Flammersfeld, Atomphysik III
1124 Schubel, Engl. Literaturgeschichte III
1125 Lehnert, Altengl. Elementarbuch
1127 Hartmann, Geschlecht u. Geschlechtsbestimmung im Tier- und Pflanzenreich
1128 Buchner, Symbiose der Tiere
1130 Dibelius-Kümmel, Jesus
1131 Scholz-Schoeneberg, Einführung in die Zahlentheorie
1132 Frühauf, Überspannungen
1134 Kuckuck, Pflanzenzüchtung I
1135 Lehnert, Beowulf
1137 Heil, Entwicklungsgesch. d. Pflanzenreiches
1138 Hämmerling, Fortpflanzung im Tier- und Pflanzenreich
1140 Unger, Induktionsmaschine
1141 Koller, Hormone
1142 Meissner-Lehnert, Shakespeare
1144 Gehler-Herberg, Festigkeitslehre I
1145/1145a Herberg-Dimitrov, Festigkeitslehre II
1146 Putz, Synchronmaschine
1147 v. Waltershausen, Kunst d. Dirigierens
1148 Pepping, Der polyphone Satz I
1152 Dehnert, Verkehrswasserbau III
1153/1153a Mellerowicz, Allgem. Betriebswirtschaftslehre II
1154/1154a Mellerowicz, Allgem. Betriebswirtschaftslehre III
1155 Schwartz, Mikrobiologie I
1156/1156a Meinke, Komplexe Berechnungen v. Wechselstromschaltungen
1157 Schwartz, Mikrobiologie II
1158 Mayrhofer, Sanskrit-Grammatik
1159 Jungbluth, Gießereitechnik I
1160 Dibelius-Kümmel, Paulus
1161 Kaestner, Spinnentiere
1162 Seidel, Entwicklungsphysiologie der Tiere I
1163 Seidel, Entwicklungsphysiologie der Tiere II
1164/1164a Pepping, Der polyphone Satz II
1165/1165a Bechert-Gerthsen-Flammersfeld, Atomphysik IV
1169 Paulsen, Allgemeine Volkswirtschaftslehre I
1170 Paulsen, Allgemeine Volkswirtschaftslehre II
1171 Paulsen, Allgemeine Volkswirtschaftslehre III
1172 Paulsen, Allgemeine Volkswirtschaftslehre IV
1173 Hamann-Funke-Hermann, Chemie der Kunststoffe
1176/1176a Lorenzen, Form. Logik
1178/1178a Kuckuck, Pflanzenzüchtung II
1179/1179a Strubecker, Differentialgeometrie II
1180/1180a Strubecker, Differentialgeometrie III
1181 Franz, Topologie I
1182/1182a Franz, Topologie II
1183/1183a Nicolas, Finanzmathematik
1184 Endres, Verbrennungsmotoren II
1185 Endres, Verbrennungsmotoren III
1186/1186a Mellerowicz, Allgem. Betriebswirtschaftslehre IV
1187 Lau, Luther
1188/1188a Lehmann, Photogrammetrie
1189/1189a Päsler, Mechanik
1190 Stupperich, Melanchthon
1191/1191a Bräuer, Slav. Sprachwissenschaft I
1193 Fürstenberg, Wirtschaftssoziologie
1194 Wendt, Gesch. d. Volkswirtschaftslehre
1195 Ohm, Allgem. Volkswirtschaftspolitik I
1196 Ohm, Allgem. Volkswirtschaftspolitik
1197/1197a Onasch, Einf. in die Konfessionskunde der orthodoxen Kirchen

1198 Engel, Straßenverkehrstechnik
1199 Lausberg, Romanische Sprachwissenschaft III, 1. Teil
1200/1200a Lausberg, Romanische Sprachwissenschaft III, 2. Teil
1201/1201a Dehn, Versuche zur allgem. u. phys. Chemie
1202/1202a Nagel, Gesch. des christl. Gottesdienstes
1203 Wendland, Sozialethik
1204 Scheurig, Zeitgeschichte
1205/1205a Hofmann, Ideengeschichte d. soz. Bewegung
1206/1206a Langen, Lineare Programmierung
1208 Lausberg, Romanische Sprachwissenschaft IV
1209/1209a Bock, Therm. Verfahrenstechnik I
1210/1210a Bock Therm. Verfahrenstechnik II
1211/1211a Bock, Therm. Verfahrenstechnik III
1212/1212a Hilf, Arbeitswissenschaft
1213/1213a Kosiol, Buchhaltung und Bilanz
1216/1216a Bauer, Wahrscheinlichkeitstheorie I
1217 Bauer, Wahrscheinlichkeitstheorie II
1219 Schmidt-Clausing, Zwingli

Autorenregister

Printed in Germany 150/VIII/64

FSC
www.fsc.org
MIX
Papier | Fördert gute Waldnutzung
FSC® C083411

Kolibri 360 GmbH
Ferdinand-Jühlke-Straße 7
99095 Erfurt, Deutschland
produktsicherheit@kolibri360.de